CW00570923

Dans la gueule du loup

Mariée à un pervers narcissique

Marianne Guillemin

Dans la gueule du loup

Mariée à un pervers narcissique

Paris, 2014
www.maxmilo.com
ISBN : 978-2-315-00495-9

À mes enfants que j'aime tant…

Prologue

Ce récit est inspiré d'une histoire vraie. La mienne.

Les dix années que j'ai vécu aux côtés d'une personnalité perverse auraient pu me détruire et ont laissé une empreinte forte sur la femme que je suis devenue. Il m'a fallu du temps, beaucoup de temps, et de l'aide pour pouvoir regarder cette période de ma vie sans honte et sans (trop) de culpabilité. Aujourd'hui je comprends mieux, j'accepte ma part de responsabilité et surtout je suis convaincue que j'ai agi au mieux. Il n'y avait rien d'autre à faire. Fuir, mettre de la distance et rassembler les morceaux de ma vie.

Je crois que la plupart des femmes restent dans ces situations terribles parce qu'elles ne veulent pas admettre qu'elles se sont trompées. Pendant des années je me disais que les choses allaient s'arranger, qu'il n'était pas seulement cet homme violent et caractériel puisque je l'avais aimé, il n'était pas concevable d'avoir pu ressentir de l'amour pour quelqu'un qui me détruisait.

J'avais eu une enfance heureuse et protégée, élevée par une grand-mère aimante à la mort de mon père, puis par ma mère et un beau-père adorable. J'étais l'aînée d'une fratrie de cinq, trois frères et une sœur avec lesquels je m'entendais bien. J'ai été la première à me marier. Je savais ce qu'était l'amour, j'avais eu sous les yeux un couple qui s'aimait, ma mère m'avait enseigné la joie de vivre, je n'ai même pas l'excuse d'une vie tristounette qui m'aurait précipitée dans les bras du premier venu. On m'avait appris la confiance, le respect de l'autre, la sécurité des sentiments partagés.

Alors ? Je m'étais trompée sur la personne et cette erreur initiale m'enfouissait la tête et le cœur dans le sable. Je préférais oublier les moments difficiles et me concentrer sur le positif. Car la vie avec un pervers n'est pas tissée au rouet du malheur. Non, les fils se croisent, alternance de moments joyeux, de tendresse, de projets et de désirs partagés qui me faisaient croire à un bonheur possible, à portée de main et de bonne volonté.

Puis, quand mes yeux se sont finalement dessillés, quand j'ai fait le bilan des moments difficiles et des rares instants heureux, j'ai voulu l'aider à changer. J'avais alors compris la nature pathologique de son caractère, cette inaptitude chronique à être heureux, la recherche du drame permanent. J'ai cherché à le comprendre, à cerner ce qui avait, dans son vécu d'enfance, entraîné cette déviance. Une mère dure et pourtant fusionnelle, un père absent, défaillant, et surtout, une agression sexuelle à l'adolescence que personne ne prit vraiment en compte. Il fut envoyé en Suisse, dans un internat médicalisé, sur ordre de son parrain, médecin, qui devait avoir saisi l'urgence de la situation (il était tout de même resté six mois sur son lit en refusant d'aller à l'école !). Mais aucun mot de réconfort ne sera mis sur son désarroi.

Je pensais naïvement qu'avec de l'amour je le changerais. Mais les pervers n'ont pas accès à l'amour. Ils cherchent la jouissance immédiate, leur plaisir personnel jusque dans leurs souffrances dont ils tirent un certain plaisir. J'ai essayé alors de changer moi-même, d'être une personne plus adaptée à son caractère. J'évitais de le contrarier, je parlais le moins possible, bref je devenais une ombre avec un seul objectif : éviter le conflit.

Devant l'évidence, je finis par admettre qu'il y avait chez mon mari quelque chose qui avait à voir avec le désordre mental. Je réussis à l'emmener consulter un psychiatre qui confirma le diagnostic sans toutefois préciser de quoi il s'agissait. On essaya alors divers traitements, les régulateurs d'humeur, il y eut un mieux, léger. Mais l'acceptation de la maladie n'allait pas sans heurts et, bientôt, il refusa les traitements.

Il n'était pas malade, disait-il, il avait des problèmes de comportement. Il l'admettait parfois, mais en soulignant que ces problèmes étaient fonction de son entourage (c'est-à-dire moi). Et c'est vrai que je catalysais sa colère, j'augmentais son énervement si je tremblais quand il élevait la voix. C'était un cercle vicieux.

J'ai alors compris que j'avais fait le tour de la question. J'ai tenté de le changer avec de l'amour, puis j'ai essayé de changer moi-même, par amour ; ensuite, j'ai demandé de l'aide au corps médical et un jour, je ne sais plus très bien à quel moment, l'amour a disparu.

Pourtant je ne suis pas partie tout de suite. Le devoir, l'orgueil, ont remplacé les sentiments. Je cherchais encore des solutions, mais je commençais à me préserver et surtout à protéger mes enfants. J'ai mis en place des stratégies d'évitement ; j'avais la chance d'avoir un boulot très prenant, des amis : je tirais ma force de ces moments passés en dehors de chez moi pour l'affronter avec détachement.

Sans la violence, la tension nerveuse permanente qu'il instaurait, je serais restée plus longtemps encore. J'imaginais que c'était mieux pour les enfants, que leurs conditions de vie étaient meilleures ainsi (alors que cette période les a abîmés au contraire) et surtout, au fond de moi, j'avais peur. Peur de ne pas arriver à m'en sortir, peur de ne pas réussir à lui échapper et craignant des représailles, démunie, ne sachant pas où aller et surtout par quel bout commencer pour mettre de l'ordre dans ma vie.

Je m'étais jetée dans la gueule du loup, personne ne m'avait obligée à l'épouser, certains de mes amis avaient même cherché à m'en dissuader. Ou, du moins, avaient tenté de me faire réfléchir. J'étais jeune, j'avais le temps. « Pourquoi t'es-tu mariée ? » demanda quelqu'un, un beau jour. « Parce qu'il me l'a demandé. » C'est aussi simple, aussi stupide que cette réponse. Et en y repensant, je m'apercevais que dans ce guêpier, je m'y étais fourrée toute seule…

À ce stade, j'ai eu des moments d'intense découragement où l'idée de disparaître m'effleurait. Où l'idée de le supprimer, de le pousser par la fenêtre quand il se penchait sur la rambarde en criant qu'il allait sauter, dans ses crises de délire, me surprenait et me faisait honte par la suite.

Le courage de partir, de prendre ma vie en main, je le dois à mes enfants.

Après avoir tout tenté pour leur offrir une famille avec un père normal, j'ai fini par comprendre et admettre que j'avais échoué. Que la vie que je leur faisais endurer entre leur père et moi était un enfer et que mon devoir n'était plus de sauver mon mariage mais de protéger mes enfants.

C'était la seule chose à faire et j'ai trop tardé, engluée que j'étais dans les griffes d'un tyran que j'avais cru aimer.

Aujourd'hui je suis capable de démonter le mécanisme de cette relation et d'en comprendre les rouages. Ce qui m'a aidée, c'est que je ne me suis jamais perçue comme une victime. Je revendique ma part de responsabilité et je crois que pour s'en sortir il faut déjà vouloir être acteur de sa vie et donc accepter ses torts, afin de pouvoir rebondir. Vouloir reprendre le contrôle, même quand on se sent perdue : si on veut vraiment s'en sortir, le plus gros du chemin est fait. Ne pas subir, ne pas rester dans un rôle de victime.

Même au fond de l'abîme, quand toute estime de soi est anéantie, quand l'autre vous fait croire que vous êtes une incapable, garder intacte la petite lumière qui vous fait croire en vous.

Rester tapie dans l'humilité, la crainte, pour mieux sauter et s'envoler le moment venu. S'avouer qu'on est malheureuse, que ce n'est pas la vie dont on avait rêvé. Cesser de se dire tout va bien, tout va s'arranger alors que les choses empirent.

Mais encore une fois, grâce à mon travail, mes ami(e)s, j'ai pu rompre l'isolement et garder en éveil un peu de lucidité. Je l'ai amassée comme un trésor, pour l'utiliser le moment venu.

Je ne regrette rien, ce temps si difficile m'a conduite au bonheur durable, mes enfants sont devenus des adultes merveilleux et aujourd'hui je peux dire, plus de vingt ans plus tard : je m'en suis sortie.

J'ai connu des femmes qui ont vécu des choses aussi terribles sinon pires que les miennes. Des femmes qui avaient moins de cartes dans leur jeu, parce qu'elles n'avaient pas de travail, pas de famille, parce qu'elles étaient étrangères. Et j'en ai vu un certain nombre, comme moi, habitées par la force d'offrir une autre vie à leurs enfants. Je les ai rencontrées et leur vie ressemblait à la mienne ; le loup était là et prenait toute la place.

Il est possible de s'en sortir, je le sais aujourd'hui, et aujourd'hui seulement j'arrive à en parler.

Puisse mon récit éclairer les femmes qui subissent encore et leur donner la force de vaincre leurs tyrans.

Chapitre 1

J'avais 20 ans, il en avait 31.

J'étais flattée sans doute, rassurée car ce qu'il me proposait ressemblait à ce que je connaissais. Le mariage, une famille, des enfants.

Je terminais mes études de journaliste et je faisais un stage à la télé.

C'est là que je le rencontrai.

J'avais des projets plein la tête mais j'avais peur de tout et principalement de la vie. Je voulais être libre et pourtant j'avais besoin d'aimer. Je m'étais crue amoureuse déjà plusieurs fois mais la vie avait vite balayé ces histoires de jeunesse. Je pensais que personne ne voudrait de moi. Pourtant j'étais gaie, dynamique, jolie finalement, en tout cas assez pour plaire, même si la plupart du temps j'effrayais les hommes avec mon trop-plein de vitalité. Je voulais tout, tout de suite.

Il était journaliste et je l'admirais. Il avait réussi là où je débutais tout juste et ses conseils avisés me flattaient. Il prenait la peine de me corriger, d'expliquer, à moi la petite stagiaire du *desk*, et son intérêt m'allait droit au cœur.

Quand il m'invita au cinéma, la première fois, il semblait ravi de nous voir les mêmes goûts (Woody Allen, le cinéma anglais, etc.). Je trouvais que, pour un homme, il avait une sensibilité rare, il sentait intuitivement les choses et nous pouvions discuter des heures autour d'un film.

Parler, nous avions ce goût en commun : décortiquer, débattre, analyser. J'étais fière d'être considérée comme une interlocutrice à sa hauteur, il me paraissait tellement cultivé, érudit. Et quand il me coupait la parole ou me faisait taire, loin d'y voir une marque de tyrannie ou d'autoritarisme, je pensais qu'il avait sûrement raison et que j'étais trop jeune pour savoir. Je l'écoutais donc religieusement, toute contente qu'il m'emmène dîner, puis, qu'il m'emmène chez lui.

Il avait un appartement dans un beau quartier, au-dessus de chez ses parents. J'aurais dû me méfier de ce détail. Il avait tout de même plus de 30 ans… La première nuit que je passai chez lui il m'expliqua qu'il ne fallait pas faire de bruit et me lever doucement pour éviter que sa mère n'entende qu'il n'était pas seul dans l'appartement… Elle montait chaque jour faire le lit de son fils et déposer le repas du soir sur un petit plateau. Je trouvais cela touchant : j'étais moi-même à peine sortie de l'enfance et, plus tard, je trouvai finalement bien pratique d'avoir cette mère de rechange à domicile ou presque.

Il disait que je lui remontais le moral, que j'étais vivante ; c'était son expression : « Tu es tellement vivante. » Je me sentais exister pour quelqu'un pour la première fois.

Très vite après notre rencontre, il s'est mis à m'appeler chaque jour, à m'emmener à la campagne les week-ends. Nous allions voir des expos, ou au restaurant. Je trouvais que notre histoire commençait bien, même si, à l'époque, je pensais surtout à finir mes études et à trouver un travail.

À l'été je partis faire mon stage de fin d'année au *Dauphiné libéré* à Grenoble. J'étais heureuse, le poste me plaisait.

Je logeais dans un appartement prêté par un de mes oncles en plein centre-ville. Lui venait m'y rejoindre chaque week-end, m'envoyait des lettres adorables le reste du temps. Il disait qu'il ne pouvait pas se passer de moi. L'été était chaud et lumineux, nous partions le dimanche en randonnée dans la montagne.

En septembre, mon rédacteur en chef me proposa de rester. Je voulus accepter ; je m'épanouissais dans mon travail, et la région était très belle. J'hésitais à peine. Mais il me supplia de revenir à Paris. Il me parlait des heures au téléphone pour me convaincre et évidemment, j'adorais cet acharnement, je prenais cela pour une preuve d'attachement. Je sais aujourd'hui qu'il ne pouvait simplement pas supporter que quelque chose ou quelqu'un lui échappe. Si j'étais revenue sans rien dire en septembre, aurait-il montré autant d'empressement ? Je compris bien plus tard qu'il fallait toujours lui faire croire que j'avais cédé, qu'il avait gagné, sous peine de désintérêt immédiat, voire, d'une contradiction dans ses désirs qui le faisait exploser.

Il n'eut aucune peine à me démontrer que j'avais encore une année d'études à faire pour rédiger un mémoire et que c'était dommage de la faire par correspondance, sans mettre toutes les chances de mon côté. Et puis, me disait-il, il avait des relations, il m'aiderait pour mes stages...

Parfois je me dis que ma vie aurait été tellement différente si j'étais restée là-bas. Nous nous serions perdus de vue sans doute, je serais devenue chef de rubrique, j'aurais épousé un montagnard...

D'autant que j'aurais dû être plus réceptive : j'avais déjà entrevu son caractère.

Nous étions allés nous promener à vélo, un dimanche où il était venu me rejoindre. Au retour, j'étais fatiguée et j'ai mis pied à terre dans une montée. Il se retourna et se mit à m'invectiver :

« Mais enfin, tu remontes ? Je ne vais pas t'attendre !

— Ne m'attends pas, j'ai un point de côté, on se retrouve à la maison…

Furieux, il descendit de vélo et arriva à ma hauteur :

— Mais tu peux faire un effort, si tu n'es pas capable de me suivre ce n'est pas la peine de faire du vélo ensemble ! »

J'étais énervée, fatiguée, et je lui répondis vertement. Il s'en alla ; quand j'arrivai à la maison, il faisait sa valise. Je trouvais ridicule de se disputer simplement parce que je n'avais pas la même endurance que lui. J'essayai de le lui expliquer calmement mais il était en rage. Je finis par pleurer, je partis sous la douche en lui disant qu'il pouvait partir… Quand j'en sortis, il était là, souriant, préparant le dîner et me servant un verre. J'étais soulagée qu'il soit resté et je me jetai dans ses bras en m'excusant : « Quel bébé tu fais… » me dit-il en me caressant les cheveux…

Le piège était en place. Il avait déjà compris comment me manipuler. Le loup venait de faire glisser un peu son masque, si peu… Mais je l'avais aperçu, rapidement, il m'avait surprise, mais je n'avais pas encore peur. Je n'avais pas bien compris son revirement et aussitôt, je pensais que c'était un malentendu, je m'étais énervée moi-même, bêtement.

Le loup, ce jour-là, rentra dans sa tanière… Le reste de la soirée se passa agréablement et je chassai de mon esprit cette scène ridicule que j'attribuai à la fatigue mutuelle…

Mais au fond, ce sont peut-être ces premières anicroches qui me tiraient vers l'idée de rester à Grenoble, d'attendre un peu avant de le rejoindre à Paris. Et en même temps, une partie de moi lui donnait raison, je devais terminer mon mémoire. Il m'aimait et me proposait de vivre avec lui, n'était-ce pas merveilleux, cette vie à construire qu'il me proposait au lieu de travailler toute seule dans cette ville inconnue à faire de l'info locale ?

Je revins donc m'inscrire en troisième année et j'emménageai chez lui. Par facilité plus que par véritable amour, parce que ce qu'il me proposait, cette vie à deux, ressemblait à ce que je connaissais, une certaine normalité.

Je faisais des piges dans des journaux et à la radio. Rien de très sûr mais il me poussait vraiment à terminer mes études. Curieusement, il m'a toujours poussée à travailler, à étudier, comme s'il voulait être fier de moi, et en même temps je n'en faisais jamais assez et il me critiquait sans arrêt. Paradoxe permanent, il était capable de m'épauler à fond pour décrocher un job, un entretien, et ensuite, me le reprochait indéfiniment, insistant sans cesse sur le fait que tout était grâce à lui, comme s'il se nourrissait d'une reconnaissance permanente dont il ne se rassasiait jamais. Je ne manquais pas de louer ses interventions, de rapporter le moindre propos élogieux sur lui, de veiller à ne jamais me mettre en avant sous peine de le voir d'un coup de parole sèche, rabaisser, minimiser immédiatement mon action. Il voulait avoir le contrôle car j'étais sa chose, et mes échecs l'atteignaient avec colère tandis que mes succès lui revenaient de plein droit.

Il voulait qu'on se marie et l'avenir me paraissait soudain enchanteur. Était-il plus belle preuve d'amour pour la nunuche que j'étais à l'époque ? Il voulait lier sa vie à la mienne, c'était un conte de fées, j'étais à peine sortie des études, il était grand reporter et il m'avait choisie !

Étais-je aveuglée par l'attention qu'il me portait et dont j'avais besoin ? Car d'autres détails auraient déjà dû m'alerter. J'avais eu du mal à caser mes quelques petites affaires d'étudiante dans son appartement. Il m'a fait jeter mes peluches, mon bric-à-brac comme il disait, tolérant mon bureau et ma coiffeuse dans un coin, mes livres dans des cartons (je devais mettre des années à les installer sur des étagères) et mes vêtements dans la penderie de l'entrée. « Écoute, avait-il argumenté, tu vois bien que cet appartement a un style, du cachet, tu ne vas pas tout désorganiser… »

C'est vrai que c'était joli chez lui : des meubles anciens, bien cirés, une moquette toute neuve, une cuisine équipée… Je me disais qu'il avait sûrement raison, qu'il avait bon goût et que, peu à peu, je ferais mien cet endroit.

Mais cela n'a jamais été possible. Je n'ai jamais pu accrocher un tableau, bouger un meuble sans sa permission, que d'ailleurs il ne donnait que rarement.

J'étais entrée dans sa vie, mais je n'avais pas mon mot à dire. Je faisais partie du décor. J'étais jeune, je me disais que c'était normal, qu'il était chez lui et que je devais m'adapter. J'appris sous sa direction à faire le ménage, à traquer la poussière, à ranger. Il était maniaque, et je ne voulais pas le contrarier pour ce que j'appelais des détails. Mes affaires devaient constamment être rangées (comme plus tard celles des enfants) et ne pas apparaître. Une amie en visite me dit un jour, des années plus tard : « Jamais je n'aurais imaginé que trois enfants vivent ici, il n'y a rien, pas un jouet, pas un manteau… »

Et moi, stupidement, je pris cette remarque pour un compliment. Le lit était fait au carré, l'aspirateur passé chaque matin avant de partir, la vaisselle lavée, essuyée, rangée, un véritable appartement témoin. Je voulais le contenter, l'ordre était une seconde nature pour lui et je balayais cette contrainte en pensant que si cela suffisait à le satisfaire, il aurait été idiot de ma part de ne pas jouer le jeu…

D'autant que je n'étais pas vraiment adepte de l'ordre à 20 ans. Aujourd'hui pourtant, je plie et range mes vêtements du jour et j'évite de laisser traîner mes affaires, même quand je suis seule. L'empreinte est restée, trop forte. Mais je peux me dire que j'en ai fait une qualité. Pour autant, je déteste les gens maniaques, je préfère ranger derrière les miens que d'observer chez eux cette tendance compulsive à tout mettre en ordre…

Au début, je lui disais parfois que râler parce que les verres n'étaient pas essuyés me paraissait un peu disproportionné ; je tâchais de lui faire penser à autre chose, j'amenais la conversation sur son travail, sujet qu'il adorait car il se sentait valorisé. J'arrivais encore à l'égayer, ses accès de mauvaise humeur ne duraient pas.

Faisait-il des efforts ? Était-il moins ombrageux ? Je crois qu'il était surtout tellement rusé et manipulateur, qu'il avait compris au début de notre relation que je pouvais encore reculer. Que si j'étais malheureuse, si son caractère m'effrayait, je ne serais pas longue à le quitter.

Ses griffes ne s'étaient pas encore refermées sur ma vie et il le sentait.

Ses efforts étaient toujours calculés. Il était donc capable d'en faire, de se transformer même, non pas pour obtenir le bonheur ou pour me rendre heureuse, mais uniquement pour atteindre son but. L'objectif atteint, le masque tombera d'ailleurs assez vite et je ne rencontrerai que rarement le visage de l'homme qui m'avait séduite.

Le pervers a besoin d'un objet, plus exactement d'une personne qu'il réduit à l'état d'objet. Et pour y arriver il simule : l'amour, la gentillesse, par tous les moyens. Et contrairement à ce que je pensais autrefois – il nimbait ses actes d'une sorte d'inconscience maladive –, tout est prémédité. La pulsion l'anime, certes, mais il canalise ses actes pour assouvir ses colères, elles ne l'entraînent pas dans l'impulsivité, et c'est pour cette raison qu'il n'a ni remords ni regrets, même ceux qu'il feint de ressentir.

Il me poussait à travailler, m'orientait vers des journaux, mais dénigrait systématiquement tous mes projets. Je me démenais, même si je ne gagnais pas bien ma vie. Il m'aidait d'ailleurs, il me trouvait des idées, corrigeait mes articles, m'adressait à des confrères. Il critiquait beaucoup mon travail mais ses remarques étaient souvent fondées, il avait de l'expérience et je trouvais gentil de sa part de porter de l'intérêt à ce que je faisais.

Je voulais être à la hauteur de ses exigences, j'ai mis du temps à réaliser que la barre serait toujours plus haute…

Je l'ai présenté à mes parents. Il était aimable, intelligent, bien élevé, il avait une situation : mes parents l'ont trouvé parfait.

De son côté les siens étaient soulagés, sa mère craignait (à juste titre) qu'il ne se marie jamais… Si j'avais été plus maligne et si j'avais rassemblé déjà les quelques pièces de puzzle qui traînaient, j'aurais creusé l'information… Il avait une sœur aînée avec laquelle il entretenait une relation distante, faite de disputes sur fond de jalousie latente. Lui était le préféré, le fils chéri, sa sœur était quantité négligeable. Plus tard, ma belle-mère faisait de vraies différences entre nos enfants, qu'elle adorait, et ceux de sa fille, qu'elle voyait peu et critiquait tout le temps.

Nous nous sommes mariés en Bretagne, chez mes parents, en avril 1980. Moins d'un an après notre rencontre.

Je pensais être amoureuse. En fait, il m'avait choisie et j'étais contente, flattée, soulagée. Je savais qu'il avait un caractère difficile, mais je savais aussi qu'il n'était pas très heureux et pas aussi sûr de lui qu'il le montrait. Je me sentais investie d'une mission : lui donner du bonheur, de la joie de vivre. Je savais faire, j'avais un heureux caractère et j'avais été élevée dans l'affection et la sécurité.

Je me disais qu'il allait changer, qu'il allait s'épanouir, qu'il serait bien et qu'alors tous ses petits travers s'estomperaient.

Je n'avais pas compris qu'il était tout simplement inapte au bonheur.

La veille de notre mariage, nous avons quitté Paris pour la Bretagne.

Il venait d'acheter un camping-car. C'était notre premier projet, partir en vacances au gré des routes et de notre envie. Nous devions aller dans les Alpes en voyage de noces. Je devrais d'ailleurs plutôt dire que c'était son projet, pas le mien ; j'y avais adhéré pour lui faire plaisir mais je ne me sentais pas à l'aise dans les intérieurs exigus, et la perspective du camping sauvage ne m'enchantait pas...

Nous conduisions chacun à notre tour, alors que j'avais le permis depuis peu. C'était lui qui m'avait appris à conduire sur sa Fiat 127, et quand j'étais revenue, triomphale, de l'examen, il avait sorti une bouteille de champagne en s'exclamant : « Tu peux me remercier, buvons à ton excellent moniteur, pourtant tu m'as donné du mal ! »

Je n'avais même pas été choquée de cette approche, je crois que j'étais déjà conditionnée.

Par la suite, il avouera ne pas aimer conduire et me laissera le plus souvent le volant, ce qui ne l'empêchait pas de m'assourdir de critiques.

Ce jour-là, alors que je conduisais notre camping-car vers la Bretagne, il finit par m'injurier, par crier tant et si bien que je m'arrêtai sur le bord de la route et descendis en lui disant de prendre le volant. Il se déplaça sur le siège, claqua la porte et démarra en trombe. Je restai abasourdie, sous la pluie qui commençait à tomber, ne sachant que faire. Je marchai devant moi, quand je vis le camion arrêté un peu plus loin.

Il ouvrit la portière : « Monte ! dit-il, et cesse de te conduire comme une enfant, si je te fais des remarques c'est pour ton bien, tu ne sais pas conduire ! »

Je pleurais et je ne dis plus rien jusqu'à l'arrivée chez mes parents.

Là il se montra charmant, détendu, agréable. Ma mère me trouva pâlotte.

Je voyais arriver ma belle-mère, mes frères et ma sœur, comme dans un brouillard.

Aurais-je pu d'un seul mot tout arrêter ? J'avais peur de me tromper, de rater quelque chose d'important, de le perdre. Je me sentais déjà coupable.

Le 7 avril 1980, je dis « oui » en l'église de Dirinon, pour le meilleur et pour le pire.

Sans savoir que le pire était effectivement à venir.

J'étais d'ores et déjà dans la gueule du loup que j'avais choisi.

J'allais avoir 21 ans.

Chapitre 2

Pour notre voyage de noces, il voulait faire du ski. Il adorait la montagne, moi je préférais la mer. Je lui avais dit que je skiais très mal, il n'avait pas semblé s'en émouvoir. J'avais suggéré un petit voyage à l'étranger mais il avait répondu : « Écoute, dépenser tant d'argent pour aller au bout du monde, je ne vois pas l'intérêt... »

Je m'étais sentie ridicule, avec des désirs ringards, j'avais donc vite acquiescé quand il avait parlé des Alpes.

Ses désirs, ses opinions, ses goûts, me paraissaient toujours plus légitimes que les miens. Il réduisait mes arguments d'un revers de phrase, arguant de ma jeunesse comme d'une inexpérience qui ne me donnait pas voix au chapitre. Et il était si sûr de lui, et soudain parfois si agressif que son avis s'imposait comme un orage grondant dans le lointain du quotidien. Et vite, la tension nerveuse qui emplissait la pièce en cas de désaccord entre nous me coupait la respiration. Je finissais par avoir un seul but : retrouver la paix, éloigner l'orage, tout faire pour apaiser cette tension. Quand j'avais osé évoquer l'idée d'un voyage au soleil, j'avais senti tout de suite que le conflit sourdait, enflait comme une vague. J'avais vite ajouté que je serais très heureuse de découvrir la montagne avec lui et la vague s'était effondrée sur le sable de notre discussion. Il avait retrouvé le sourire et moi la tranquillité.

Nous sommes arrivés aux Arcs, le studio était sympa et, dès le lendemain, mon mari tout neuf m'entraînait sur une piste noire. Pas rassurée, sur le télésiège, je lui rappelai que je n'étais qu'une débutante... Il rit et, une fois au sommet, empoigna ses bâtons et disparut.

J'étais paniquée.

Finalement, j'ai pris mon courage et mes bâtons à deux mains, et de slalom en chasse-neige, je parvins à glisser tant bien que mal sur cette maudite piste.

Je mis une heure et demie à redescendre. Lui, je le retrouvai en fin de matinée, ravi. Quand il me vit arriver, en chasse-neige, au bord de la piste bleue, il éclata de rire : « Mais c'est vrai que tu ne sais pas skier ! Comment est-ce possible ? »

Rapidement, il me laissa seule et, à vrai dire, j'étais plutôt soulagée. Je commençais à le connaître et je craignais qu'il ne réitère l'épisode de la piste noire...

Il ne s'aperçut même pas qu'au bout du deuxième jour, je n'achetais plus mon forfait. À la place, je fis de belles balades à pied. Nous étions hors saison, il n'y avait donc pas trop de monde et j'appris vraiment à apprécier la nature sauvage, les marches dans la neige vierge de tout pas. Au fond, je préférais déjà être seule, et lui s'amusait vraiment sur ses skis, il n'avait pas besoin de moi et me laissait en paix. Nous ne nous voyions qu'aux dîners, lesquels étaient ponctués de la narration de ses prouesses. Il nettoyait son matériel, scrutait la météo. Je le trouvais en forme, détendu et j'avais déjà appris à calquer mon humeur sur la sienne et donc à profiter au maximum de ces moments de détente. Huit jours après notre mariage, j'étais déjà habituée à être mieux sans lui…

« Alors le ski ? » me demanda mon beau-père, à qui j'avais confié mes craintes, lorsque nous fûmes de retour à Paris.

Mon mari me coupa la parole : « Oh ! Elle s'y est mise, on s'est bien amusés, n'est-ce pas ? »

Je me disais toujours, pourquoi le contrarier ? Et cet axiome de base me servait de prétexte à ne rien dire. Si j'avais résisté tout de suite, est-ce que les choses auraient pu évoluer ? Ce qui lui plaisait ne pouvait pas me déplaire et j'avais vite compris que toute discussion serait au mieux stérile, au pire, source de conflits.

Verbalement, il était déjà souvent agressif. J'avais remarqué la façon dont il s'adressait à ses parents, pourtant très gentils, et cela me choquait.

Ma belle-mère soupirait parfois en disant : « Ah, il a toujours eu du caractère !… » Je crois qu'elle confondait la personnalité et le mauvais caractère.

Il n'avait pratiquement pas d'amis, hormis un certain Gérard, un confrère qui était son souffre-douleur attitré et consenti. Combien de fois l'ai-je vu jeter Gérard à la porte et le rappeler deux jours après comme si de rien n'était ?

C'était une de ses caractéristiques, l'effacement de la bande.

Il pouvait me réveiller le matin en m'insultant parce que j'avais oublié d'acheter du sucre, hurler, casser le sucrier et m'obliger à nettoyer. Ensuite, il allait prendre sa douche et il revenait, souriant, détendu, aimable. Si j'avais le mauvais goût de faire référence à son accès de colère il criait de plus belle :

« Mais qu'est-ce que tu as à faire la gueule tout le temps ? C'est insupportable ! »

Le maître mot avec lui était : « Chut, il va s'énerver ! »

Je vois encore ma belle-mère poser un doigt sur ses lèvres pour m'intimer le silence, car elle sentait la tension nerveuse de son fils emplir la pièce.

La tension nerveuse : ce sentiment d'angoisse qui m'a étreint durant plus de dix ans, qui accompagnait chacun de mes gestes, chacune de mes paroles, avec la peur folle de voir soudain son expression se transformer en rictus de colère, ses gestes devenir saccadés.

Je ne savais jamais, jamais ce qui allait déclencher sa rage… Et après coup, je me sentais coupable, me répétant : « Tu n'aurais pas dû dire ou faire ceci… »

Ma voisine était une dame âgée qui avait connu mon mari enfant. Elle avait parfois des absences et oubliait ses clés à l'extérieur. Un jour, elle m'arrêta dans l'escalier : « Il est gentil avec vous ? Il ne fait plus de colères ? Parce que moi, j'en ai entendu des cris, et j'en ai vu de la vaisselle cassée tomber par la fenêtre… Vous avez l'air si douce, si gentille… Ne vous laissez pas faire », me chuchota-t-elle.

Ces paroles me mirent mal à l'aise. J'en parlai à ma belle-mère qui s'exclama : « Oh ! Mais elle est un peu gâteuse ! Bien sûr, mon fils était difficile petit, mais c'est fini tout ça, il est gentil comme tout… »

Pourtant elle aussi surprit des disputes entre nous. Tant que j'étais mariée, elle se rangeait de mon côté et tentait tant bien que mal de calmer son fils. Quand il me parlait sèchement, elle lui disait : « Voyons ! » d'un air choqué, mais je crois qu'elle avait surtout peur que je ne supporte plus son fils. Il finissait par partir en claquant la porte, puis revenait quelques heures plus tard, tout souriant, avec des fleurs, une invitation au restaurant, un baiser. Et elle me jetait un regard complice, du genre : « Voyez, il faut juste attendre que ça passe… »

C'était bien là toute la difficulté. Cette alternance de moments agréables et de violence inouïe.

Parfois, nous restions des semaines à bien nous entendre, à échafauder des projets, à rire, à échanger.

Dans ces moments-là, je me disais qu'il n'y avait pas de raison, qu'il pouvait être le meilleur des maris et que je devais m'armer de patience et temporiser.

Et puis, tout recommençait. Je n'avais pas compris que c'était pulsionnel, que mes paroles n'étaient qu'un prétexte pour déclencher son exaspération et que je n'étais pas la cause de ses changements d'humeur. Il était comme une toupie, vrillé sur lui-même, et il tournait, tournait jusqu'à l'étourdissement. À la fin, il ne savait souvent plus d'où était partie sa colère, il lui arrivait même de pleurer, en proie à un énervement et, à cet instant, je sentais qu'il souffrait.

Je le consolais, je le prenais dans mes bras comme un enfant et, parfois, il restait comme abattu, comme s'il ne savait plus où il était. Alors je me rassurais en me persuadant qu'il avait besoin de moi, que je l'apaisais, qu'avec le temps je saurais mieux m'y prendre et qu'il aurait moins de crises…

À d'autres moments, quand la colère ne s'évaporait pas, quand je craignais un coup donné dans un geste brusque de colère, je lui demandais pardon, imaginant ainsi le calmer. Lui dire : « Je suis désolée, excuse-moi », lui prouver qu'il avait raison, que j'étais dans l'erreur et surtout que je lui reconnaissais une suprématie. Mais parfois, le pardon ne suffisait pas et il s'ensuivait de laborieuses explications où il me demandait de reconnaître mes torts en long et en large ; je finissais par perdre patience et par m'énerver à mon tour. Il s'emportait de plus belle et nous hurlions tous les deux.

Car je n'étais pas si douce. Je pensais par ailleurs à une tactique, me disant que lui résister pouvait aussi l'obliger à prendre conscience du point de discorde où nous étions arrivés. C'était une mauvaise idée : plus je criais, plus je résistais, plus il jubilait, se permettant ensuite de me dire que je n'étais qu'une hystérique…

Déjà à cette époque j'étais assez lucide pour m'apercevoir que quelque chose n'allait pas. Mais je me disais que si notre relation était bancale, je pouvais certainement arranger les choses. À force de patience, d'amour, à force de mieux le connaître.

Je commençais à devenir moi aussi une manipulatrice. Je savais quels mots employer pour lui faire mal avec le sourire, pour être indifférente à sa colère, pour l'amener à faire ce que je voulais en simulant un désir contradictoire.

Si je voulais inviter une amie un samedi je disais :

« Tiens, Alice voulait qu'on se voie, mais bon, je lui ai dit que le week-end tu étais fatigué, tu avais d'autres choses à faire que de voir des gens, du coup on se verra peut-être un soir…

— Quoi ? Mais de quel droit tu gères ainsi les invitations ? En disant que je suis fatigué en plus !… C'est fou ! Non mais, dis-lui de venir déjeuner samedi. Tiens, d'ailleurs je vais l'appeler… »

Mon amie était toute surprise et pensait que j'avais un mari charmant, convivial, qui acceptait les amies de sa femme…

Je devenais compliquée, j'anticipais ses réactions pour mieux les contrer, et surtout, je n'en parlais pas, sentant confusément que tout ceci n'était pas bien normal. Quoi d'étonnant si, des années plus tard, mes ami(e)s ne me crurent pas et me rappelèrent combien j'avais eu un mari gentil et attentionné ?

Le mutisme, le repli sur soi commencent très tôt dans ce type de relation. Parce que cette relation, je voulais la garder. Je ne voulais pas voir l'inéluctable, je ne voulais pas l'admettre.

Comme tant d'autres femmes dans cette situation, j'ai participé à l'engrenage, j'ai tissé la toile de mon propre piège, en m'appliquant, jour après jour, à resserrer autour de nous les liens malsains d'une violence contenue. C'est ce que j'appelle la deuxième phase, la première étant la stupeur, la sidération quand la violence explose pour la première fois.

Cette deuxième phase est celle du déni.

La vie est normale, les accès de colère ou de violence verbale sont légitimes parce qu'exceptionnels, bref tout va bien et je m'appliquais, comme tant de femmes dans mon cas, à donner à mon entourage l'illusion d'une vie parfaite.

J'avais d'abord été lâche en préférant le confort d'une vie de couple hasardeuse aux aspérités de l'existence, ensuite, j'avais été trop orgueilleuse pour admettre que j'avais fait une grave erreur et que ma vie était un fiasco. Alors je mentais à tout le monde, à commencer par moi-même.

De plus, j'y croyais encore à cet amour, il n'était pas au rendez-vous mais je pensais que je pouvais l'y amener. Et quand on croit encore au prince charmant, on pense le voir derrière chaque crapaud !

Un beau jour, il eut une proposition de travail au Maroc et réussit à me faire embaucher également. J'étais ravie. Vivre si près de ses parents catalysait les disputes et je pensais qu'un éloignement serait bénéfique.

Quelques mois après notre mariage, à l'été, nous avons donc déménagé pour Tanger. Ce fut la seule période heureuse de notre mariage.

Nous sommes partis avec le camping-car, par la route, direction l'Espagne, tandis que le déménagement suivait.

Je me souviens de ces contrées de plus en plus chaudes, des soirées dans des villes animées et colorées, et au bout, la mer, le bateau qui nous déposa à Ceuta. J'avais l'impression que ma vie prenait enfin une forme, j'allais travailler dans une station de radio à Tanger, Medi1, et je ferais vraiment le métier qui me plaisait. J'avais eu de la chance d'être embauchée et mon mari, qui n'aurait pas supporté que je ne travaille pas, semblait content : « Je ne veux pas d'une femme à la maison, j'aurais l'impression de vivre avec ma mère ! »

L'équipe de la radio, composée de Français et de Marocains s'avéra très sympa. Pourtant mon mari se disputa très vite avec la quasi-totalité de la rédaction !

Il me critiquait toujours mais je le sentais plus détendu, loin de ses parents, loin de sa mère surtout. D'ailleurs, la seule fois où nous nous sommes disputés au cours de l'année passée à Tanger fut quand ses parents vinrent passer quelques jours. Il avait une relation fusionnelle et conflictuelle avec sa mère, bizarre avec son père. En fait ses deux parents le craignaient et il avait intégré qu'en leur présence le monde tournait autour de lui. Mais là-bas, au Maroc, nous étions chez nous, je n'étais plus chez lui. Nous avions un grand appartement face à la baie, avec une belle terrasse, et les couchers de soleil étaient merveilleux.

C'est en face de l'Océan qu'un jour nous avons pris la décision d'avoir un bébé. Je voulais attendre un peu mais lui était pressé, il voulait des enfants. Avec le recul, je me demande pourquoi puisqu'il ne les a pas supportés par la suite ! Je crois que c'était une image sociale, le fait d'avoir une famille le rassurait, le confortait.

Je fis une fausse couche à Tanger. L'enfant était presque à terme et j'en fus très malheureuse. Lui ne comprenait pas. À ses yeux, cet enfant en devenir n'était pas encore réel. C'est Amina, notre fatma, qui m'a soignée, réconfortée.

« Allah est grand, me disait-elle, s'il le veut, l'an prochain, tu auras un garçon ! »

Mais lui, je devais l'apprendre, ne restait jamais longtemps au même endroit.

Moins d'un an après notre arrivée, il voulait déjà rentrer. Tout le monde avait fini par le prendre en grippe et on ne se cachait plus pour me dire, dans les couloirs de la radio, qu'il était détesté.

Des amis m'avaient pris à part : « Mais raisonne-le, tu vois bien qu'il se met tout le monde à dos… »

Je le défendais : il avait ses raisons, professionnellement ses remarques étaient pertinentes.

Je pensais qu'il me réservait ses sautes d'humeur, je découvrais qu'il était exactement le même au travail. Il avait ses têtes, les gens qu'il aimait, ceux qu'il ne supportait pas. Lui-même n'admettant aucune contrariété de qui que ce soit.

Un jour, un de ses jeunes collègues vint me chercher, très contrarié. Je préparais mon émission, j'étais à la documentation et je recherchais des musiques pour illustrer les deux heures que je passais à l'antenne, chaque jour. J'adorais ce métier, mi-animation, mi-journalisme et cette période a été une grande chance professionnelle pour moi. Mais lui réussissait à tout gâcher : « Écoute, viens, ton mari est hyperénervé et j'ai peur que ça finisse mal… À un moment j'ai craint qu'il n'en vienne aux mains avec le directeur financier… »

Je plantai mon travail et dégringolai l'escalier jusqu'au bureau des journalistes. Il hurlait et deux autres personnes le regardaient, médusées. Je m'approchai et il se calma. Les autres quittèrent le bureau et je restai à côté de lui, à travailler.

Comme un enfant indocile, ma présence l'apaisait, le rassurait. Je lui assurais qu'il avait raison, que je le comprenais, et peu à peu, il redevint presque normal.

Le soir, nous sommes retournés chez nous, en descendant le boulevard de Tanger tandis que les étoiles s'allumaient une à une dans le ciel. Il me dit : « Ta présence me fait un bien fou, toi seule me comprends, tu sais me rendre la paix… »

Il était redevenu gentil comme tout et, bêtement, je m'imaginais lui apporter le bien-être.

Le lendemain, dans les studios de la radio, il était gai et enjoué. Les uns et les autres me regardaient avec perplexité. Je leur lançais des coups d'œil pour qu'ils ne fassent aucune allusion.

Tout était redevenu normal, il était charmant et, pour moi, c'était l'essentiel. J'en arrivais même à en vouloir à ceux qui lui gardaient rancune. Je me disais : « Ils pourraient faire un effort, ils vont tout gâcher ! » Je ne me rendais déjà plus compte que c'était lui qui gâchait tout.

Force de persuasion d'un manipulateur qui me faisait croire qu'il était un homme charmant et qu'il ne tenait qu'à moi, qu'à nous, alentour, de le garder comme tel…

Toute dérive était imputable au monde extérieur, et principalement à moi.

L'équipe avait pris l'habitude de venir me voir pour régler les problèmes relationnels causés par mon mari. Je crois que, au fond, j'étais flattée, je me sentais exister, j'avais un rôle social. Je contrôlais à peu près la situation. Je désamorçais les conflits et j'avais l'impression que tout allait bien.

Mais il finit par en prendre ombrage.

Un jour, un des directeurs de la station, après une grosse dispute avec lui finit par lui dire : « Écoute, nous, on te garde à cause de ta femme, qui est charmante et sympa, mais toi si tu te casses, personne ne te regrettera... »

Le soir même, il me fit une scène d'une violence inouïe : « Tout est de ta faute, je vois clair dans ton jeu, tu cherches à m'évincer, mais ma pauvre, pour qui tu te prends ? Tu es là grâce à moi, tu n'es rien sans moi, tu es payée en dirhams, tu n'as pas le moindre avenir ici, si je pars tu perds tout... »

C'était vrai. J'avais accepté d'être payée en monnaie locale avec un contrat marocain. Du coup, on vivait sur mon salaire et il épargnait l'intégralité du sien. Je trouvais cet arrangement logique, il était mieux payé, il valait mieux que ce soit lui qui épargne, et puis je me disais que cet argent était à nous (grave erreur que j'appris plus tard à mes dépens).

Et puis c'était vrai, c'était lui qui avait négocié ce contrat pour moi et cette ligne sur mon CV était un point très positif. Je me trouvais ingrate. Je finis par pleurer. Je pensais qu'il avait raison, que c'était lui qui m'avait offert ce travail, que j'avais sans doute trop forcé les choses en voulant compenser son attitude et, du coup, que c'était ma faute si les gens me préféraient à lui.

J'étais responsable de son échec, j'étais entre lui et les autres, je lui demandais pardon et, à ce moment-là, je pensais réellement que j'avais tout gâché, sans même m'en rendre compte. Il finit par se calmer et décida de repartir en France.

J'étais déçue quand il m'annonça qu'il avait dénoncé son contrat. En disponibilité, il pouvait reprendre son poste à la télé. Mon poste à moi, mon travail, ne fut même pas discuté. Il était entendu que ce n'était pas important. Il devait me le reprocher plus tard : « Tu n'es pas capable de faire des économies, regarde, moi j'ai réussi à mettre des dizaines de mille francs de côté ! »

Le soir de notre départ, je reçus des cadeaux, des témoignages d'affection qui me firent chaud au cœur mais que je dissimulai soigneusement. Lui quitta son bureau du jour au lendemain et ne revint pas dire au revoir.

Mon chef me reçut, seule. C'était un homme d'une cinquantaine d'années, généreux et intelligent : « Tu sais Marianne, me dit-il, si tu veux rester ici, je peux m'arranger pour ton contrat… »

Je déclinai sa proposition. Et pour la deuxième fois, j'orientai le cours de mon destin en enchaînant ma vie à celle d'un homme qui ne me faisait pourtant pas de bien. J'aurais peut-être intégré la Société financière de radiodiffusion (SOFIRAD), je serais peut-être restée au Maroc ? Je n'avais pas d'enfants. Mais j'étais mariée. Je ne me voyais pas rester seule au Maroc. Pour moi cette séparation aurait été un échec et je n'étais pas prête. Et puis je me disais qu'il avait besoin de moi, que je ne pouvais pas l'abandonner.

J'avais une certaine idée du devoir, chevillée au corps ; ce fut longtemps mon credo, signe de mon importance. Je me sentais utile, nécessaire ; c'était vraiment malin…

Le trajet du retour fut triste. Je l'avais supplié de ne pas revenir dans son appartement, mais il m'avait dit qu'on avait de la chance que les parents nous l'aient gardé.

« C'est provisoire, je te promets, on cherchera autre chose ensuite… »

Dans le bateau qui nous ramenait vers Sète, j'eus le mal de mer et cela l'énerva. Arrivés à Sète, il me planta avec le camping-car. Il avait un rendez-vous pour son boulot et jugea que je pouvais faire l'ensemble de la route seule pendant qu'il prenait l'avion.

Je fis plus de mille kilomètres pour rentrer à Paris.

J'avais quitté Tanger, la belle ville au bord de la Méditerranée, notre appartement près de la mer, un métier qui me plaisait, des amis fidèles, et j'avais perdu mon bébé.

L'avenir, dans ce sens-là, me paraissait beaucoup moins rose.

Je débarquai à nouveau dans cet appartement que je détestais. Ma belle-mère était radieuse, elle retrouvait son fils, et je finis par enfouir mes rêves d'une maison à nous… Nous avions cet appartement, dans un beau quartier, sans loyer à payer : mes rêves d'éloignement passaient pour ceux d'une enfant gâtée.

Deux jours après notre retour, nous déballâmes les cartons. Il remit, méthodiquement, un à un, tous les meubles à la place qu'ils avaient un an et demi auparavant.

J'en étais malade de revoir prendre forme sous mes yeux un appartement qui n'était pas le mien. J'étais fatiguée, énervée. Je tentai d'ouvrir un carton avec un couteau et je n'y arrivai pas. Il me le prit des mains, rageusement. Lorsque je voulus protester, il planta son regard dans le mien. D'un coup, la lame du couteau me stria l'avant-bras. Du sang gicla sur le carton, il lâcha le couteau et en une seconde, son visage changea. Il me prit dans ses bras : « Pardon, pardon, balbutiait-il, je ne voulais pas… »

Mon bras saignait beaucoup, et il décida de m'emmener à l'hôpital Boucicaut, dans le XVe. Cet hôpital, j'y fis plusieurs séjours par la suite.

Avant de partir, il eut le temps de sonner chez ses parents et de lancer : « Marianne s'est blessée, je l'emmène aux urgences… »

Même si le sang continuait à couler, ce n'était plus douloureux. Le couteau n'avait pas atteint les chairs. Mon mari avait l'air profondément secoué et je me disais qu'il avait compris à quel point ses emportements pouvaient être graves et violents. Je pensais que ça lui servirait de leçon et qu'il ne recommencerait pas. Quelle erreur ! Ce devait être la première d'une longue série d'actes violents.

Il me tint courageusement la main tandis que l'on me recousait :

« Comment avez-vous fait votre compte ? grondait l'interne.

Et mon mari de répondre :

— Oh, vous savez docteur, elle est d'une maladresse ! »

Je pleurais. Je ne sais même pas si c'est de douleur, de colère, de honte ou de culpabilité.

J'aurais dû lui dire tout de suite que c'était fini, que je ne tolérerai plus ses actes. Mais j'étais déjà conditionnée. Et à ce moment-là, il avait l'air vraiment contrit, je ne voulais pas ajouter de l'huile sur le feu.

Je sais aujourd'hui qu'il faut partir au premier geste violent, à la première gifle. Parce que d'autres suivront toujours. Mais je sais aussi que, la plupart du temps, ce n'est pas possible. Il faut du recul pour voir le dénouement du scénario. Sur le moment, comme une mouche prise dans la toile de l'araignée, on se débat, avant de comprendre qu'il n'y a pas d'autre solution que de rester tranquille.

En sortant de l'hôpital, il m'embrassa et m'emmena au restaurant. J'avais la sensation de remettre mes pas dans une ornière que j'avais eu du mal à quitter. Mais je croyais encore que les choses pouvaient changer, évoluer. Je croyais qu'il avait compris la gravité de ses actes, l'ineptie de ce comportement.

Je lui dis un jour :

« Écoute, nous avons tout pour être heureux, le bonheur est dans nos mains, pourquoi t'acharnes-tu à le détruire ?

Il me répondit d'un ton haineux :

— Je m'en fous de ton bonheur, je m'en fous d'être heureux, tu ne peux pas savoir ! Tu as une vue étriquée de la vie si tout ce qui t'intéresse c'est d'être heureuse ! »

J'étais estomaquée. J'avais mis cette phrase sur le compte d'une colère mais c'était vraiment le fond de sa pensée. Il n'avait pas pour objectif le bonheur, ni de me rendre heureuse. Bien au contraire, il se complaisait dans le conflit, la rage, la rancœur.

Après ce premier coup de couteau, une page était tournée.

Des injures, des moqueries, de la pression psychologique, il passa aux coups, à la violence physique.

Là encore, quand je repense à mon état d'esprit de l'époque, je suis estomaquée par tant de confusion. J'avais perdu mon premier bébé, et j'étais concentrée, focalisée sur le projet d'une nouvelle grossesse. Comme j'étais restée sur un échec, tout mon objectif tendait vers une nouvelle vie à mener à terme. Lui aussi voulait un enfant, c'était le seul projet qui semblait le détendre. Je pensais, s'il veut un enfant, c'est qu'il croit encore en nous, c'est qu'il m'aime.

Curieusement, je ne me posais pas la question de savoir si moi je l'aimais… Non, je pensais : un enfant, une famille, ce sera forcément du bonheur. J'avais été heureuse enfant, avec mes frères et ma sœur, et je croyais qu'en reconstituant cet équilibre parents/enfants il serait épanoui. Mais alors que je suivais mon idée, lui pensait surtout au moyen de me lier à lui plus encore. Il sentait bien qu'il avait souvent dépassé les bornes, que je pouvais encore partir, un enfant, pensait-il, la retiendra. Beaucoup d'hommes et de femmes croient que les enfants attachent le conjoint alors qu'ils séparent le plus souvent, et même un couple uni peut en connaître l'épreuve. J'ai connu une femme, sans emploi, qui a quitté un mari violent avec ses quatre enfants et qui a dormi huit jours dans sa voiture avant de trouver un foyer. Combien ont finalement préféré l'incertitude et la galère à une vie de drames et de coups ?

À l'époque, je croyais qu'un enfant normaliserait nos relations. Nous partagions les mêmes idées sur l'éducation, les mêmes valeurs. Nous venions d'un milieu similaire et je crois que cela me rassurait. Je voyais bien qu'il pouvait être différent, gentil et agréable. Je croyais qu'il suffisait de créer les conditions idéales pour qu'il le reste. Il avait autant que moi envie d'un bébé, et j'étais persuadée qu'un enfant lui donnerait le goût d'une vie sereine.

J'aurais dû comprendre que sa perversité de caractère se teintait d'une jalousie maladive : cet enfant me prendrait de son attention, je lui consacrerais du temps, or mon temps lui était sans conteste dévolu. Il se considérait comme la victime éternelle du monde entier qui lui devait sans cesse réparation.

Un jour, ce sera ses enfants qu'il fera souffrir. Mais je m'aveuglais en tentant de tomber enceinte.

Il avait bientôt 35 ans et ne cessait de dire : « Je ne veux pas être un père vieux, regarde, j'ai eu un père âgé, et il n'a jamais joué au foot avec moi, j'en ai souffert… »

Il voulait un fils, qui devait obligatoirement lui ressembler. Je m'efforçais donc de me conformer à ses souhaits, aidée par Dame Nature qui cette fois-ci ne me laissa pas tomber.

Chapitre 3

Nous avons eu un fils, Jean, deux ans plus tard. Ce fut le plus beau jour de ma vie. Je revois, trente ans après, la joie et l'émotion quand il est né.

Son fils est le seul de ses enfants qu'il ait vu naître. Pour les filles, il a réussi à se défiler à chaque fois. Il avait horreur des hôpitaux. D'ailleurs, il serait bien parti tout de suite, mais une sage-femme imposante lui tendit la blouse et le masque : il n'osa pas refuser. Grâce à la péridurale, je n'ai pas trop souffert et je me souviens que nous parlions de la guerre des Malouines avec l'infirmière, sujet d'actualité. Un peu avant la délivrance, il réussit tout de même à proférer cette énormité qui laissa la sage-femme pantoise : « Bon, je vais peut-être aller déjeuner… Non parce que toi évidemment tu es allongée, tu ne te rends pas compte mais moi, depuis tout ce temps, je suis debout ! »

Son fils s'annonça au même moment et il survécut en sautant un repas (ce dont il devait reparler comme d'un acte héroïque de sa part).

Enfin il était heureux, comblé !

Du moins était-ce ce que je croyais. Car les ennuis commencèrent dès le retour de la maternité.

Je me souviens de mon arrivée à la maison. C'était en mai, il pleuvait et il faisait gris. J'avais le bébé dans les bras, et j'ai voulu le nourrir, assise sur le canapé. En me relevant, j'ai vu que la couche était mal ajustée et que l'excrément jaune vif coulait sur mes jambes et le tapis. J'étais debout, mon mari me regardait, et là, j'ai éclaté en sanglots. C'était mon premier enfant et j'étais très fatiguée. Déjà à la maternité, il m'arrivait de pleurer de lassitude. J'ai vu que mes larmes le déstabilisaient. Il tournait dans la pièce, démuni, il en oubliait de crier, tout décontenancé. Il murmura à mi-voix : « Qu'est-ce que je vais faire, moi, si tu ne t'en sors pas ? »

J'ai eu comme un choc, et je me suis ressaisie. Je me disais : « Tu es ridicule, allons, il compte sur toi ; tous les deux ils ont besoin de toi », et cette idée me galvanisait. Pourquoi avais-je tant besoin que l'on ait besoin de moi ? Aujourd'hui encore j'ai du mal quand je sens que je n'aide pas les gens autour de moi, j'ai l'impression d'être inutile. Pourtant, j'ai fini par apprendre à sortir de ce rôle d'hyperresponsable, de grand manitou de l'univers, j'ai appris à montrer mes limites.

Mais à cette époque, c'était impossible. Dès que mon mari me sentait à bout, en difficulté, soit il en profitait pour m'accabler, soit il était paniqué.

Mon fils était devenu le centre de ma vie. Il en était agacé, mais il comprit aussi très vite comment en tirer un atout.

Un jour, dans la cuisine, je ne sais plus pour quelle broutille, j'osai le contrarier. Il me lança alors :

« Si tu continues, je vais chercher le gamin et je le laisse là dans la cuisine…

— Mais enfin il dort, pourquoi tu veux aller le chercher ?

— Eh bien il se réveillera et il te verra en train de pleurer comme d'habitude ! »

Je me calmai et il finit par oublier cette idée. J'étais terrorisée. Je comprenais qu'il voulait mêler le petit à nos disputes, s'en servir pour me museler, me faire taire.

Le lendemain, il acheta une poussette dernier cri pour promener son fils. Il s'en occupait d'ailleurs, il aimait le baigner, lui donner le biberon. Il était un père attentif et il semblait être heureux d'avoir cet enfant.

Mais dès que je le contrariais, il le prenait dans son berceau et criait, criait, avec le bébé dans les bras. Je compris vite que je ne devais pas essayer de le lui soustraire. Je quittais la pièce et m'enfermais dans la salle de bains. Aussitôt, il posait l'enfant. Et le consolait s'il pleurait.

J'en conclus que c'était ma présence qui catalysait sa violence. De là à me sentir perpétuellement coupable… Je me disais que je l'énervais, que je ne savais pas m'y prendre… J'étais à l'affût du moindre de mes gestes ou de mes paroles susceptibles de l'agacer. J'étais épuisée, autant par le bébé, les affres de l'accouchement, que par sa présence.

Il trouvait que je passais trop de temps avec le petit, que je le prenais trop dans mes bras. Comme tout nourrisson, mon fils avait effectivement besoin de ma présence, or, tout moment passé avec mon enfant lui semblait décompté d'un temps qui lui était dû.

Bref, il était temps que cela cesse et il m'ordonna de retrouver du travail.

Je trouvai un emploi dans un hebdomadaire spécialisé.

Jean fut mis en nourrice chez une dame très gentille à deux pas de chez nous, et son père allait le chercher tous les soirs. Je pleurais beaucoup au début : laisser mon bébé de 4 mois toute la journée m'arrachait le cœur. Il me disait, non sans raison : « Enfin, il faut bien que tu t'y remettes, dans ce métier on va vite t'oublier, tu ne vas pas virer bobonne non plus… »

Je me dis aujourd'hui que finalement, grâce à son insistance, j'ai eu une vie professionnelle riche. Qui sait ? Avec un mari plus conciliant, je me serais peut-être laissée aller, j'aurais pris un congé parental et, le moment venu, j'aurais eu encore plus de mal à partir.

Je crois qu'il aimait son fils ; mais ce qu'il ne supportait pas, c'était la relation à trois. Il ne voulait pas me partager et trouvait que cet enfant m'accaparait beaucoup trop. Le soir, je me précipitais pour embrasser Jean, je voulais le serrer dans mes bras, jouer avec lui, le toucher. Lui me suivait pas à pas, me parlait, me sollicitait d'un ton agacé : « Tu m'écoutes ? »

Il avait des horaires assez élastiques et rentrait tôt. Les quelques soirs où il était de permanence je respirais. Avec Jean, nous passions une soirée délicieusement sereine, puis je dînais avec mon mari tardivement. Tout se passait bien. J'étais tout oreilles, toute disponible pour l'écouter et c'était ce qu'il voulait. Lui ne me posait jamais aucune question, ou alors, il exigeait un compte rendu détaillé de la journée du petit, dont il se servait pour me critiquer : « Ah tu es allée au parc ? À quelle heure ? Quinze heures trente ! Mais c'est beaucoup trop tard, l'humidité tombe tôt… Comment ça, il dormait ? Mais il ne devrait pas dormir autant, que lui as-tu donné à manger ? »

Heureusement, il n'écoutait pas les réponses et le plus souvent orientait rapidement son monologue sur le sujet qui le passionnait : Lui. J'avais une formule magique quand je le voyais s'échauffer : « Et toi ? »

Cette simple question le ramenait immédiatement à son centre d'intérêt exclusif. Moi je pensais à autre chose, ponctuant ses phrases de « Ah ! Oui ? Bien ! » qui le remettait en selle pour quelques minutes de logorrhée.

Mon fils devait avoir 7 ans quand un jour il s'écria devant son père : « Mais papa, tu n'as pas encore compris que maman, quand elle dit : "Oui, oui, c'est très bien", c'est qu'elle ne t'écoute pas ! »

Il en était resté interloqué.

La personnalité égocentrique de mon mari l'empêchait de trouver sa place. Je sentais bien qu'il fallait agir mais je me sentais démunie, coupable soit de ne pas lui accorder assez d'attention, soit de délaisser mon fils.

J'en parlais à des amies qui me dirent : « C'est normal, tous les pères réagissent un peu ainsi, ils ont du mal à accepter que l'enfant soit prioritaire, essaie de consacrer plus de temps à ton mari, confie le petit, partez tous les deux… »

Je laissai donc Jean une semaine chez ma mère et nous partîmes au Sénégal.

Ma fille, Pauline, fut conçue là-bas, sur une plage de sable blanc.

Mon mari était radieux, il disait qu'il avait enfin une famille et j'étais heureuse de le voir heureux. Il réussit à obtenir l'appartement au-dessus du nôtre et réalisa des travaux pour un duplex. Il avait des projets, son travail avançait, il partait en reportage et revenait avec des souvenirs, des histoires qu'il savait raconter et je pensais que les mauvais jours étaient finis.

Il y eut ainsi quelques beaux mois, mais malheureusement son père mourut brutalement des suites d'une opération du cœur. Il avait 73 ans. C'était un homme très gentil, qui se laissait malmener par son fils sans trop rien dire. Il était ravi d'avoir un petit-fils et il était vraiment bon avec moi. Je crois qu'il se rendait compte du caractère de son fils, il me disait souvent : « Ma petite Marianne, il va vous falloir de la patience… »

Quand il mourut, mon mari fit une dépression que je n'ai pas su reconnaître à l'époque. Il regrettait ses disputes avec son père. Mon beau-père, doux et charmant, n'était pas du tout le genre de père qu'il lui aurait fallu. Il aurait eu au contraire besoin de beaucoup de fermeté, qu'on lui pose des limites. Or il battait son père depuis l'âge de 15 ans m'apprit un jour ma belle-mère en riant. J'étais horrifiée mais elle avait l'air de trouver la situation drôle : « Ah c'était mouvementé chez nous, vous savez ! »

D'ailleurs, mon mari aussi s'en amusait. Il se plaisait à raconter comment il avait cassé une vitre du salon en poursuivant son père, comment il jetait par la fenêtre tous les papiers du bureau de son père et envoyait sa mère à quatre pattes sur la pelouse du rez-de-chaussée pour tout récupérer. Ces souvenirs de conflits semblaient les seuls moments de son enfance dont il se souvenait avec plaisir, presque avec fierté. J'avais du mal à comprendre mais je me gardais de donner un avis. Je me disais que toutes les familles avaient leurs déboires, que c'était du passé. Bref je ne voulais pas creuser, là non plus…

Je me souviens encore de ce matin où nous avons reçu un coup de fil de la maison de repos. J'habillais Jean dans son petit lit et j'ai entendu crier : « Quoi ? Quoi ? Mais ce n'est pas possible… Attendez, je vous passe ma femme… » Il était sous le choc et m'a dit : « Écoute, vas-y, moi j'ai des rendez-vous… »

J'ai compris qu'il ne pouvait pas faire face à la réalité. Quand la vie le heurtait de plein fouet, il subissait alors l'idée inacceptable qu'il ne maîtrisait rien et que les éléments lui échappaient. Dès que sa toute-puissance était tenue en respect par les aléas (que ce soit la météo qui contrariait ses desseins ou la mort d'un proche), il s'effondrait sous le choc.

C'est moi qui suis allée reconnaître le corps, fermer la bière, qui ai ramené ma belle-mère chez nous et fait tous les papiers de l'enterrement.

« Je ne supporte pas les hôpitaux, les cimetières », me disait-il.

Au cimetière, c'est moi encore qui montai dans le fourgon, pour accompagner le corps avec ma belle-mère en larmes. C'était au mois de février, le temps était glacial et je sentais ma belle-mère trembler en disant : « Je suis toute seule à présent… »

Ni sa fille, trop occupée à recenser l'héritage, ni son fils ne l'entourait. Je la sentais si malheureuse. Mon mari, lui, avait le regard absent, avec cet air que je lui connaissais bien quand il cherchait à provoquer un conflit.

Il éclata de retour chez sa mère lorsqu'il vit qu'elle avait conservé les affaires de mon beau-père étalées sur le lit. Il les attrapa et flanqua le paquet dans la poubelle, sans égard pour les pleurs de sa mère, puis il s'enferma dans sa chambre. « Ne vous en faites pas, on ira les récupérer tout à l'heure », chuchotai-je à son oreille. Elle soupira, sanglots contenus : « Oui, oui, je sais… »

Nous étions liées, elle par le chagrin d'avoir perdu son mari qu'elle adorait, moi par le souci de gérer un mari caractériel.

Mais je compris alors qu'elle connaissait son fils, qu'elle craignait souvent son humeur ; comme moi, elle y était habituée et faisait au mieux. C'était son fils, elle l'aimait. C'était mon mari et je devais l'aider, même si je sentais bien que l'amour entre nous s'évaporait au fil des disputes.

Les mois qui suivirent, il se renferma. Il pleurait chaque nuit. Son travail s'en ressentit et il se mit en arrêt maladie. À ce moment-là, il aurait fallu le faire aider, l'inciter à consulter. Mais j'arrivais à terme de mon deuxième bébé et je n'étais plus préoccupée que par la naissance. Ma belle-mère se réjouissait de cet événement, c'était la seule chose qui la tirait de son chagrin, mais lui s'enfonçait. Qu'il soit plus calme me suffisait, j'étais contente qu'il me laisse tranquille, qu'il y ait moins de cris.

Ma fille est née en Normandie, chez ma belle-mère qui, comme toujours, a été très gentille avec moi. Je pense qu'au fond, elle était déjà âgée, elle se rendait compte que son fils n'allait pas bien, qu'il avait un caractère à la limite du pathologique et elle se déculpabilisait en se montrant très prévenante avec moi. Elle avait peur que je le quitte, peur de se retrouver avec son fils sur les bras. Elle devait m'avouer un jour, qu'il n'avait, selon elle, « pas eu de chance avec les femmes : C'est vrai, devait-elle me raconter, sa première fiancée est morte dans un accident de voiture, il a été très secoué... »

J'étais stupéfaite, il ne m'en avait jamais parlé ! Il avait une capacité à enfouir les traumatismes qui devaient lui éclater au cerveau un jour... Certes il n'avait pas été aidé par son environnement familial dans lequel on ne se parlait pas ; et puis à l'époque on ne se préoccupait pas tellement de la psychologie des enfants.

Son parrain, un cousin germain de son père, devait m'avouer plus tard que mon mari avait fait un séjour en Suisse, dans une maison de santé, à l'âge de 15 ans. Un beau jour, alors qu'il était en troisième, il était rentré du collège en disant qu'il n'irait plus en classe. Que s'était-il passé ? Personne ne le sut ni ne chercha à le savoir. Il resta chez lui, plus ou moins allongé sur son lit, de février à septembre. Une fois, une seule, il me confia à demi-mot un geste déplacé qu'aurait eu un des pères à son égard. Il n'en avait parlé à personne et avait préféré attendre d'être renvoyé.

Déjà à l'époque ses parents veillaient à ne pas le contrarier… C'est son parrain qui finalement prit les choses en main, diagnostiqua une dépression, conseilla un éloignement du milieu familial et envoya l'enfant en Suisse.

Mon mari me raconta un jour qu'il gardait un très bon souvenir de cet établissement. Il s'y était fait des copains, on lui imposait des limites, des règles de vie et au fond il en avait besoin. Mais sa mère en tomba malade…

Peut-être son acharnement à me séparer, à m'éloigner des enfants était-il dicté par le souvenir d'une relation trop forte avec sa mère ? Il sentait confusément qu'elle avait été nocive et il lui en gardait rancune. D'où cette façon de la rudoyer en permanence comme si elle devait payer pour quelque chose. « Toutes les mères sont nocives, devait-il me dire un jour, je sais que tu veux bien faire mais, crois-moi, il ne faut pas trop gâter les enfants… » Qu'entendait-il par gâter ?

Ces liens fusionnels et compliqués avec sa mère n'ont fait qu'empirer avec le temps.

À la naissance de Pauline, j'ai pris un congé de quelques mois, mais lui, bouleversé par la mort de son père, sans doute miné par le regret de leurs incessantes disputes était de plus en plus asocial et caractériel et il finit par quitter son boulot en claquant la porte. Très rapidement, pour ne pas souffrir de remords, il réécrivit l'histoire du décès de son père comme il savait le faire : il ne s'était jamais disputé avec son père, cardiaque. Non au contraire, il le préservait, mais les médecins avaient fait une erreur de diagnostic et on lui avait mis un stimulateur cardiaque trop tard. Ensuite, en rentrant chez lui, il s'était fait arracher son portefeuille dans la rue par un voyou, et c'est ce qui avait causé sa mort. Quelle n'a pas été ma surprise, des années plus tard en l'entendant dire :

« Mon père a été assassiné…

— ???

— Mais oui, c'est ce type, ce voleur qui a provoqué une crise cardiaque, il ne s'en est pas remis ! »

Son père est mort trois mois après cet incident, en maison de convalescence… Mais inutile de discuter sa version, c'était celle-ci qui lui convenait et toute discussion était dangereuse.

Je repris mon travail, et il garda les enfants. Ce n'était pas une solution, il n'avait pas la patience et se sentait diminué à rester à la maison. Il devenait de plus en plus irascible. Un soir, je rentrai du travail, ma fille jouait dans son parc et son frère regardait la télé. Seuls. Il était parti acheter du tabac, il revint vingt minutes plus tard. Les enfants avaient 1 an et 3 ans…

Seul avec eux il n'arrivait pas à faire face, et je dus engager une jeune fille pour la journée. Il ne la supporta pas. Il vira les unes après les autres toutes celles que j'embauchais…

Malgré tout, il s'occupa vraiment de sa fille, Pauline, avec qui il noua un lien particulier, presque un véritable attachement. Il disait qu'elle lui ressemblait, qu'elle était de son côté (ce qui était vrai par ailleurs). C'était évidemment une grande qualité et une chance pour cette enfant, aimait-il à sous-entendre. Il devait d'ailleurs me dire un jour : « Tu as de la chance, finalement les trois sont plutôt de mon côté… »

Je savais qu'il ne pourrait pas se satisfaire de cette vie domestique bien longtemps. Sans le lui dire, j'organisais des dîners, des rencontres plus ou moins fortuites pour qu'il puisse retravailler, ou du moins avoir quelques pistes.

Il finit par retrouver du travail, des missions dans les D.O.M.-T.O.M. pour quelques mois.

Il était ravi. Ce job lui convenait, pas de routine, des séjours de trois ou quatre mois. Il avait à peine le temps de se disputer avec tout le monde qu'il était de retour ; par ailleurs, il aimait son boulot et il le faisait volontiers partager. Tous ses stagiaires, ses élèves quand il donnait des cours l'adoraient. Un de ses rédacteurs en chef devait me dire plus tard : « C'était fou, ton mari, les huit premiers jours, tout le monde l'adorait, et ensuite, tout se dégradait et chacun venait dans mon bureau me supplier de le renvoyer… Il était incapable d'un comportement stable. Je t'assure que trois mois, c'est sa limite longue… »

D'ailleurs, malgré toutes ces missions, il ne fut jamais titularisé, et pour cause !

Personne ne voulait mettre le loup dans la bergerie.

Mais nos rapports étaient moins tendus. J'avais ma vie et mon travail. Quand il revenait, il était heureux de revoir les enfants, de me retrouver, et je faisais tous les efforts possibles, sachant que la date de son départ était fixée.

Un jour pourtant, où ma grand-mère me rendait visite, il est rentré de voyage en plein après-midi. À son air, je compris que quelque chose n'allait pas. Nous prenions le café et il s'est planté devant nous en désignant ma grand-mère : « Qu'est-ce qu'elle fout là celle-là ? J'aimerais bien être tranquille quand je rentre chez moi ! »

La pauvre était abasourdie. J'étais furieuse et je lui dis sèchement : « Écoute va te reposer et surtout te calmer, ça ne va pas de parler comme ça ? » Il balança un coup de pied dans le couffin de Pauline qui se mit à pleurer. Ma grand-mère se leva et dit : « Bon, écoute, je vais y aller ma chérie… »

J'attrapai mes enfants et leur enfilai leurs blousons. Nous avons descendu les escaliers quatre à quatre, le laissant vociférer, et j'ai reconduit ma grand-mère au métro. J'essayais de minimiser l'incident, de dire qu'il devait être perturbé au boulot, mais elle ne fut pas dupe. C'est elle qui devait me supplier, quelques années plus tard sur son lit d'hôpital : « Quitte-le, ma chérie, sinon il va te tuer… »

Un an après Pauline, je perdis un autre enfant. Enceinte de six mois, je fis une infection et rompis la poche des eaux. C'était la nuit, j'ai senti le liquide couler, et tout de suite j'ai compris que c'était grave. Je me levai, appelai un taxi et réveillai mon mari. Il devait rester auprès des enfants qui dormaient et ne s'alarma pas outre mesure.

Quand je le rappelai quelques heures plus tard pour lui dire qu'on me gardait, il commença par geindre : « Mais qu'est-ce que je vais faire tout seul avec les enfants ? »

Maman vint chaque jour les garder.

Moi j'étais décidée à rester allongée, sans bouger, les mois suivants, pour que le bébé ne naisse pas trop tôt. Je ne voulais pas le perdre.

Hélas, le bébé est mort *in utero* et l'accouchement a été affreux.

J'ai tellement pleuré, de solitude, de chagrin, de déception.

Je crois que c'est à ce moment précis que j'ai cessé de l'aimer.

Lorsque ce bébé s'est expulsé de mon ventre, il a emporté avec lui l'amour qui me restait pour mon mari. Il n'était pas venu m'assister et quand il arriva dans ma chambre, alors que j'étais déjà en larmes, il réussit à me faire pleurer de plus belle. « Tout est de ta faute, si seulement tu avais fait attention, mais évidemment tu n'écoutes rien, si ce petit est mort tu n'as qu'à t'en prendre qu'à toi, tu es irresponsable… »

Je pleurais tant et tant que, finalement, l'infirmière en chef est arrivée et l'a flanqué dehors sans ménagements, lui disant de revenir quand il serait calmé et qu'il aurait des paroles plus réconfortantes pour moi !

Il partit, ulcéré.

Aujourd'hui on dit qu'il faut laisser les mères tenir un moment leur enfant mort dans leurs bras, pour qu'elles aient le temps de leur dire au revoir, de faire le deuil. Ce n'était pas encore dans les mœurs, mais j'ai eu de la chance, les médecins étaient débordés et je suis restée seule au moment de l'expulsion. J'étais à bout de forces, cela faisait des heures que je souffrais. De temps à autre une infirmière passait la tête pour s'assurer que ça allait. J'avais l'impression que la vie allait me quitter. Soudain, une douleur terrible me plia en deux. Je me relevai. Juste une poussée et j'avais entre les jambes un bébé tout petit, tout noir, cyanosé, avec des cheveux collés sur le crâne, comme son frère, et il suçait son pouce.

Je lui ai caressé la tête, doucement et puis je l'ai levé. Il avait le cordon tout sanguinolent. Je l'ai serré contre moi.

Une aide-soignante est entrée, une Martiniquaise, elle a crié : « Mais, madame, qu'est-ce que vous fabwiquez ? »

Elle s'est approchée et a sonné pour appeler, elle m'a pris mon bébé et m'a allongée sur le lit. Le médecin est apparu en disant qu'il était débordé et il a dû m'endormir. J'ai tourné la tête et je me suis réveillée comme d'un cauchemar. J'étais sur un brancard, l'aide-soignante contrôlait ma perfusion et j'ai dit :

« Qu'est ce qu'on va en faire de mon bébé ? C'était un garçon, je voulais l'appeler Quentin...

— Oui eh ben madame, faut pas penser à ça, les bébés mort-nés, on les incinère, allez madam', c'est comme un petit ange maintenant, faut pas pleuwer... »

Gentiment, elle me caressait la tête, me bordait maternellement. Quand le brancardier arriva, elle lui dit avec son accent : « Remonte-là bien doucement cette dame, elle a pédu son petit, c'est to twiste... »

Je suis restée seule, murée dans mon chagrin. Mon mari était certainement triste lui aussi mais nous n'avons pas pu, pas su écouter notre peine. Lui était dans le reproche, moi je me blindais dans l'indifférence ou l'agressivité. Je sais aujourd'hui qu'il ne pouvait pas me consoler, il n'avait pas accès à la compassion. Des années plus tard, Jean devait me dire : « Non mais maman tu ne comprends pas, papa il n'a pas l'application, il ne peut pas aimer, c'est tout, il n'a pas été programmé pour... »

Je mis beaucoup de temps à me remettre. Je me réfugiais auprès des enfants qui étaient toute ma joie. Je voulais tomber de nouveau enceinte, comme une revanche, comme une victoire sur la vie.

Les deux années qui ont suivi, j'étais obnubilée par ce désir d'enfant. Je voulais tenir un objectif, créer une famille, peu importe avec qui. Déjà ses sautes d'humeur ne m'atteignaient plus, j'avais mon travail, les enfants ; lui avait le sien, un peu chaotique car il passait son temps à claquer la porte, mais je m'en fichais. Je partais en vacances sans lui, j'avais mes activités avec les petits et je l'évitais au maximum.

Quand je conçus la petite dernière, j'étais folle de joie. C'était mon bébé, je l'avais désiré tellement fort, plus encore que les autres. Est-ce pour cette raison qu'elle arriva avec deux semaines de retard ? Je craignais tellement de la perdre !

Son père était en mission en Guadeloupe. Il revint pour la naissance et repartit deux mois plus tard. Il l'avait à peine vue. Ma puce, avec sa houppette rousse, ses yeux bleus, elle était belle.

Il s'en occupa moins que des aînés, partant chaque fois pour des périodes de trois à quatre mois. Cela m'arrangeait. Cette enfant était mienne, je me sentais invincible, je lui transmettais ma force, mon énergie, à défaut d'une vie familiale calme. Je sentais que le destin serait exceptionnel pour elle, que tout lui réussirait. Son père ne pourrait pas l'atteindre, jamais, je la protégerai.

Avec ma Dina, un cap était franchi. Je ne cherchais plus à préserver la famille, à apaiser les crises, je me dressais comme une louve devant celui qui osait faire du mal à mes petits. Les deux aînés en avaient bavé, ils avaient eu leur part de disputes. Je me jurais que pour ma dernière les choses se passeraient différemment. Je ne me laisserai plus faire. Je ne composerai plus, je résisterai.

Ma force est venue de mes enfants. Mais les circonstances aussi avaient changé. Il était souvent absent, pendant de longues semaines, et j'avais le temps de reprendre du courage, du souffle, d'analyser la situation, d'ouvrir les yeux. Car l'habitude crée la soumission, le quotidien nimbe de normalité ce qui est atroce. L'habituel permet des stratégies efficaces qui deviennent comme une arme que l'on manie sans plus se rendre compte.

Il criait ? Je quittais la pièce. Le ton montait ? Selon l'heure, j'habillais les enfants, nous allions à l'école en avance, au parc, chez une amie, ou même au café du coin. Il s'énervait tout seul, je sentais sa colère se rapprocher ? Alors je saisissais le téléphone et faisais semblant d'appeler ma mère, d'une voix enjouée ; il craignait qu'elle l'entende et finissait par grommeler. Il proposait une sortie, une idée ? Je veillais à ne pas me montrer enthousiaste si cela me plaisait...

Au bout de deux ans et demi, j'étais organisée, et je m'imaginais que tout allait bien. Ma vie était semée d'embûches que je contournais patiemment avec une idée fixe : protéger les enfants. Je crois que, lorsque leur père était là, nous ne passions jamais une demi-journée à la maison : ils avaient des activités, la ludothèque, le judo, le piano ; j'allais chez mes parents, j'inventais mille sorties indispensables...

Mais, un jour, entre deux missions, il resta presque deux mois avec nous. Ce fut l'enfer. Il hurlait après les enfants pour tout et rien, il me frappait à la moindre contrariété.

Un soir, nous attendions des amis et je préparais le dîner. Il tournait autour de moi, baissait le feu que j'allumais, touillait dans les casseroles, montait crier après les enfants, bousculait la table que j'avais dressée. Je finis par m'emporter :

« Mais vas-tu me laisser tranquille à la fin !

— Mais tu fais n'importe quoi, regarde-moi ça, ces haricots sont déjà trop cuits ! »

Il hurlait comme un fou. Il voulut claquer la porte vitrée de la cuisine mais j'étendis mon bras pour la retenir. Ma main passa au travers des carreaux et un morceau de verre me sectionna net le tendon extenseur du doigt...

Le sang gicla, comme nos invités arrivaient. Aussitôt il s'agita, affolé : « Elle est tellement maladroite, ah là là ! »

Je passai la soirée la main enroulée dans un torchon qui rougissait à vue d'œil. Vers vingt-trois heures, une de nos amies suggéra de m'emmener à l'hôpital.

Je dus être opérée dans la nuit. Encore une fois je pleurais, d'impuissance et de colère contre moi-même.

Il vint me chercher le lendemain avec un gros bouquet de fleurs. J'aurais dû lui dire que ses gestes étaient insensés, que j'en avais assez de ses sautes d'humeur perpétuelles. Mais il était gentil, apaisant : « Tu es trop stressée me disait-il, regarde, je cherche à t'aider et toi tu te mets dans un état pas possible ! » Je savais que ce n'était pas ma faute. Que son comportement était inadmissible. J'aurais dû tout raconter à ma famille, porter plainte. Mais je n'étais pas prête. Quand je rentrai à la maison, les enfants jouaient tranquillement et il avait préparé le repas.

C'était une constante dans notre relation. Il pouvait être adorable, attentionné, gentil avec les enfants comme, la minute suivante, gifler Jean qui avait fait tomber sa timbale, hurler après sa mère qui montait aux nouvelles et casser une pile d'assiettes parce que le courrier était en retard.

Quand je rentrais de mon travail, je sentais une boule se former dans ma gorge. Je priais mentalement pour qu'il soit absent. Vite, je congédiais la jeune fille qui les gardait et m'occupais des enfants. Il fallait que les bains, les devoirs, le dîner soient expédiés avant qu'il arrive. Si j'étais en haut et que j'entendais la porte d'entrée claquer mon sang se figeait.

J'entendais crier, le plus souvent : « Mais à qui sont ces affaires qui traînent ? »

Mes affaires et celles des enfants – manteaux, chaussures, cartables – devaient être rangées hors de sa vue, dans le placard. Seules ses affaires à lui pouvaient rester sur le portemanteau et ses chaussures dans le couloir.

Il montait et entrait dans la salle de bains : « Figure-toi que… »

Il partait dans un monologue sur sa journée. Dans le meilleur des cas il me suivait en râlant, je continuais à faire ce que j'avais à faire en acquiesçant de loin en loin. Inutile de lui demander d'attendre, d'aller au salon, de me laisser quelques instants. Non, c'était tout de suite, il fallait l'écouter.

Quand il était de mauvaise humeur, il criait et m'insultait. Je laissais alors les enfants se débrouiller seuls et je m'isolais avec lui en essayant de le calmer.

Très vite, mon fils a appris à cerner les humeurs de son père.

D'un coup d'œil entre nous, il comprenait. J'allais avec son père au salon et il prenait le relais avec ses sœurs. Combien de fois l'ai-je vu pousser les filles vers leur chambre, fermer la porte et les faire jouer de sorte qu'elles n'irritent pas leur père ? Combien de fois, quand je disais : « C'est l'heure de l'école », alors qu'on avait encore une demi-heure, il habillait tout le monde en vitesse et m'attendait déjà en haut de l'escalier. Il sentait ma peur et il repérait les colères de son père, comprimées comme dans une cocotte-minute. Quelle enfance pour lui ! Et moi qui pensais encore que c'était mieux pour eux d'être avec leurs deux parents !

Je faisais abstraction du conflit latent, de la tension perpétuelle qui régnait chez nous. Je me répétais qu'ils avaient de bonnes conditions de vie, que leur père les aimait... Je voulais encore m'en convaincre : un père, c'est important.

J'avais perdu le mien à l'âge de 4 ans et j'ai toujours été étonnée du peu de cas que les gens en général faisaient du rôle du père. Je sais combien le manque est dur, combien la sensation d'être incomplète vous poursuit, surtout lorsque l'on perd son père avant d'avoir pu amasser des souvenirs, commencer une relation, créer un attachement. J'ai survalorisé ce rôle et surtout, moi qui pourtant avais tellement vu ma mère pleurer lors de son veuvage, j'avais oublié l'essentiel : les enfants ont besoin de parents heureux.

J'ai souvent entendu des gens bien intentionnés me dire que perdre un père était moins douloureux que perdre une mère. J'étais furieuse, ulcérée de ce jugement, j'avais l'impression alors qu'on minimisait mon chagrin, qu'on balayait ce traumatisme que j'avais subi. Je pensais que mes enfants avaient la chance d'avoir un père, que je ne pouvais pas les en priver, que cela aurait été affreux. Je confondais tout.

Je pensais que mes enfants avaient le droit de vivre avec un papa, même s'il n'était pas idéal : je me persuadais aussi qu'il n'était sûrement ni pire ni meilleur qu'un autre... J'encaissais les mauvais moments et je commençais à me dire que je pourrais partir un jour si les choses ne s'arrangeaient décidément pas, quand mes enfants seraient plus grands. Le projet était encore flou, un contour, une fumée au loin dans mon esprit quand, vraiment, je n'en pouvais plus. Mais j'y pensais : à chaque dispute, à chaque scène, cet avenir prenait forme.

Je me souviens en particulier d'un jour où nous revenions de la campagne avec la petite. Il commença à s'énerver après moi qui lui avais mal indiqué la route. Finalement il stoppa net, m'éjecta de la voiture, me colla le bébé dans les bras et démarra en trombe. Je restai en pleine campagne, toute seule, avec la petite.

Je marchai jusqu'à la gare la plus proche et pris un billet pour Paris. Ma puce devait avoir 8 mois, elle ne semblait pas inquiète, elle gazouillait dans mes bras. Et soudain, elle me prit par le cou et me fit son premier baiser !

J'étais émue aux larmes, au moins j'avais gagné ce baiser !

Je ne voulais pas prendre conscience de l'impact des réactions de mon mari sur mes enfants. Pourtant, lors de ses absences, ils étaient beaucoup plus enthousiastes. Jean ne faisait plus de cauchemars, Pauline était moins grognon. Un soir après une violente dispute, j'allais coucher Jean et il me dit : « Maman, pourquoi on reste avec lui ? »

Au fond, je crois que je redoutais exactement ce qui s'est passé par la suite. C'est-à-dire que mon mari pouvait faire croire qu'il aimait ses enfants tant que nous étions tous ensemble. Il était capable de gestes paternels, de s'en occuper, parce qu'il avait sous la main son souffre-douleur, en l'occurrence moi. Du jour où je suis partie, tout s'est écroulé et il n'a plus été capable d'aimer les enfants. Ils sont devenus des instruments de vengeance contre moi. Je crois que je savais que les choses se passeraient ainsi. Je me voilais la face, mais au fond je balançais entre deux possibilités : ou vivre malheureuse avec lui, ensemble, ou le quitter en sachant que ce serait sans doute pire pour les enfants qui prendraient les coups en première ligne, car je ne serais plus là pour les protéger.

Alors j'ai attendu qu'ils grandissent.

Chapitre 4

Je décidai d'emmener mon mari consulter un médecin spécialisé dans les troubles du comportement. Je voulais l'aider, je pensais qu'il pouvait changer, il était malade, il suffisait qu'il guérisse. Évidemment, il n'était pas d'accord :

« Enfin je vais très bien, c'est toi qui es folle ma pauvre, n'importe qui deviendrait fou à vivre avec toi !

— Justement, je ne vais pas bien, c'est vrai, je vais aller voir quelqu'un mais il faudrait que tu m'accompagnes, ça m'aiderait… »

Je pris rendez-vous avec un psychiatre, un professeur qui m'avait été recommandé par une amie. J'expliquai ma démarche à ce professeur, à savoir que je demandais à mon mari de venir pour moi. Très compréhensif, il me dit qu'effectivement, ce pouvait être une solution pour amener mon mari à consulter.

Le professeur fut étonnant. Il comprit tout de suite le problème, je crois, car il lui prescrivit des médicaments régulateurs d'humeur, tout en gagnant sa sympathie en l'écoutant avec compassion. Il me fit sortir à un moment donné et mon mari accepta de le revoir. Mon mari était presque content en quittant le cabinet d'avoir repris un rendez-vous. Il me dit pourtant : « Je fais vraiment ça pour toi, ma pauvre fille, parce que sinon tu ne vas pas t'en sortir… »

Il devait par la suite utiliser les séances à mon désavantage, expliquant au moment du divorce que c'était bien moi qui n'allais pas bien ; pour preuve, j'avais été obligée de consulter, lui m'avait juste accompagnée… Le juge me demanda à l'époque :

« Madame, vous reconnaissez avoir pris ces rendez-vous chez un neuropsychiatre pour vous-même ?

— Pas exactement, je voulais y amener mon mari…

— Il a accepté de vous accompagner ?

— Oui…

— Pourquoi ?

— Je lui ai dit que je n'allais pas bien…

— Donc vous reconnaissez que c'était pour vous ?

— Mais non, c'était un stratagème pour l'amener à venir consulter. !

— C'est un peu tiré par les cheveux… »

J'étais au mieux une déséquilibrée que mon mari avait accompagnée chez le psy pour m'aider, au pire une femme machiavélique qui racontait n'importe quoi à son mari crédule, prêt à tout pour l'aider. Avec lui, la vérité n'était jamais de mon côté. Il réussissait toujours à se donner le beau rôle et je me sentais minable. Alors je doutais de tout et surtout de moi, je continuais à penser que j'étais fautive et que je provoquais toute cette violence.

La thérapie commença à donner des résultats. Il était plus calme, avait moins de sautes d'humeur. Il se montrait presque gai parfois.

Mais un jour, brutalement, il stoppa tout. Les médicaments et le suivi psychologique. Une vraie descente aux enfers. Il se réveillait le matin en criant après tout le monde ou bien me réveillait en pleine nuit ; il attrapait les enfants, rudoyait son fils… Je ne savais jamais dans quelle humeur il serait le soir. J'essayai de le ramener chez le médecin, mais il était braqué. C'était moi qui l'énervais, j'étais folle, je le rendais fou.

Je retournai voir le professeur qui me reçut gentiment :

« Vous savez, ce que je fais avec votre mari est nécessaire, mais pas suffisant, il faut qu'il accepte une vraie thérapie, qu'il accepte le traitement. Il doit maintenant comprendre et admettre qu'il est malade et malheureusement il n'est pas prêt, m'expliqua-t-il.

— Que puis-je faire alors ?

Il me regarda avec beaucoup de sympathie et me dit :

— Rien, supporter… Ou le quitter… Vous ne pouvez pas le guérir… »

Aujourd'hui on dirait sans doute qu'il était bipolaire. À l'époque, personne n'a vraiment mis de mots sur sa maladie. On le disait caractériel et, évidemment, ce mot sonnait comme un jugement négatif et il ne pouvait que le renvoyer aux autres.

Je voyais bien que ma présence aggravait les choses. Dès que je rentrais à la maison, il criait, me reprochait dix mille vétilles et la situation dégénérait. Quand il était seul avec les enfants en revanche, il essayait de se contenir, je crois qu'il avait peur de ce qu'il pouvait faire. J'étais son garde-fou, avec moi il pouvait laisser libre cours à sa colère, j'étais là pour protéger les enfants, pour l'arrêter à temps.

Plus je me mettais entre lui et les enfants, plus il se déchaînait et me frappait ou m'insultait. C'était plus fort que moi, quand le ton montait, j'envoyais les petits dans leurs chambres, à l'étage. « Tu as peur, mais de quoi hein ? Si tu as peur c'est que tu es coupable… » me lançait-il. Une fois les enfants en sécurité, je me défendais, je l'engueulais moi aussi.

Un jour, je le laissai en plan ; je pris mon manteau et je sortis. Il claqua la porte de rage derrière moi et je m'obligeai à rester deux heures dehors. Je marchai dans les rues, c'était l'hiver, il faisait froid. Je pensais à mes enfants, j'avais peur pour eux mais je savais qu'il serait si désemparé tout seul qu'il se calmerait et ne leur ferait aucun mal.

Quand je rentrai, il les avait couchés. Il regardait la télé et ne m'adressa pas la parole.

Je passai dans la salle de bains et filai me coucher.

Je venais de m'endormir quand il entra dans la chambre et alluma le plafonnier : « Tu crois que tu peux t'en aller et revenir comme ça ? Sors de mon lit, fous le camp, tu n'es pas chez toi ici, c'est chez moi, sors de là ! »

Déchaîné, il avait tiré les draps et les couvertures ; il me donnait des coups de pied, j'essayais de me protéger comme je pouvais. Finalement, je réussis à me lever et à sortir de la chambre. Je m'enfermai dans la salle de bains. Je l'entendis marcher dans la chambre, passer dans le couloir en grommelant puis, plus rien. Il s'était couché.

Doucement, je gagnai la chambre de mon fils, m'allongeai à côté de lui sans le réveiller et essayai de dormir.

Je m'éveillai tôt et me coulai hors de la chambre pour me préparer. J'avais l'œil tuméfié et une grosse balafre sur la joue. Je tentai de maquiller mes blessures du mieux que je pus. Les enfants se levèrent. Leur père, lui, dormait. Je dus m'occuper d'eux et les amener à l'école : heureusement, ils parurent ne rien remarquer.

À mon arrivée au travail, en revanche, mon maquillage ne trompa personne. Je racontai une sombre histoire, expliquant que j'étais tombée dans l'escalier, la nuit, en me levant. Je pensais : « Tant qu'il ne s'en prend qu'à moi, ça ira, les enfants sont préservés. » N'importe quoi !

Ce fut le début d'une longue série de mensonges.

Je crois que durant toutes ces années, j'ai réussi à faire croire à tout mon entourage que j'étais très maladroite. Je me blessais souvent, j'avais des plaies, des bosses, mais je faisais du patin à glace, ou n'importe quel autre sport, et je mettais ces traces sur le compte de chutes, nombreuses.

Un jour, je dus aller à l'hôpital pour une côte cassée. Le médecin remarqua les marques de coups sur mon corps. Mon mari avait fait des progrès, il se débrouillait pour ne plus faire de marques au visage ; dorénavant, il me donnait des coups de pied dans le ventre, me tordait les bras.

Le médecin me regarda sévèrement tandis que je lui servais mon laïus habituel, le patin à glace, les chutes…

« Madame, me dit-il, je crois surtout que vous devriez porter plainte… »

Je fondis en larmes. Je ne pouvais plus m'arrêter.

Mais ce soir-là, en rentrant, il y avait des fleurs partout dans la maison. Il avait baigné et fait dîner les enfants et mis du champagne au frais.

Il se jeta à mes pieds : « Pardon, pardon… Je suis désolé, je te promets que ça n'arrivera plus… »

Il devenait à nouveau gentil et prévenant pendant quelques semaines. On faisait des projets, il m'emmenait au restaurant, il s'occupait des enfants et je pensais que puisqu'il était capable d'être si adorable, c'était bien qu'il m'aimait et que c'était à moi de faire en sorte que cet amour perdure.

Et puis, insidieusement, il recommençait à s'énerver. Je restai calme, j'essayais de ne pas le contrarier, d'abonder dans son sens. De ne rien dire. De m'en aller. J'ai même essayé de pleurer. Il arrivait un moment ou ce qu'il voulait, c'était éclater de colère, vider l'abcès.

Mon mari me savait assez forte pour protéger les enfants de lui-même. C'est pour cette raison que quand il se mettait en colère, la meilleure chose à faire pour l'apaiser était de m'en aller. Seul avec les petits, il se calmait, il avait tellement peur de sa propre violence. Car au fond, il se savait violent. Cette violence le consumait, alors il la dirigeait contre les autres, principalement contre moi puisque j'étais la plus proche.

Un jour, alors que Pauline était tout bébé, elle pleurait beaucoup parce qu'elle avait faim. Je lui donnai le biberon. Lui, était excédé. Il me tournait autour en disant : « Elle ne va pas brailler comme ça toute la journée ! » Je me levai calmement, lui mis le bébé dans les bras, posai le biberon et lui dis : « Eh bien, débrouille-toi pour la calmer ! »

Et je partis dans le jardin.

Il s'est retrouvé seul avec la petite et il lui a donné le biberon, l'a bercée et elle a fini par s'endormir. Alors il est descendu tout fier en disant : « Tu vois ! J'y arrive très bien ! »

Moi, je me rongeais d'inquiétude dans mon coin mais je savais qu'il était préférable d'agir ainsi. Avant, j'aurais essayé de le calmer, j'aurais discuté avec lui et il aurait fini par hurler, crier, me frapper avec la petite dans les bras. Là au moins, il avait été obligé de contenir sa colère et il en était satisfait.

Une autre fois, Jean bouscula un vase en courant dans le salon. Il tomba à terre et se brisa. Son père cria du fond du couloir. Je me mis à crier plus fort que lui, en faisant signe à Jean d'aller dans sa chambre. Quand son père arriva, je m'exclamai : « Regarde ce qu'il a fait ! Il est vraiment insupportable, je lui ai donné une bonne fessée et il est dans sa chambre… »

Jean, qui avait senti le danger (mais que je n'avais pas touché) pleurait dans son coin. Mon mari se mit en devoir de recoller le vase, puis il me dit sèchement : « Inutile de crier, c'est de ta faute. Si ce vase n'était pas accessible aux enfants, il serait encore entier… »

Du coup, il ne gronda pas son fils et l'incident se dissipa.

Je commençais à savoir à peu près m'y prendre pour éviter les ennuis et je glissai peu à peu vers une forme de mensonge permanent.

Les soirées étaient souvent pénibles et surtout aléatoires. Je ne savais jamais si j'allais pouvoir regarder la télé tranquillement ou s'il allait venir éteindre le poste en beuglant. Alors j'inventais des stages, des heures sup, des ateliers. Je couchais les enfants et je repartais. J'allais au cinéma, ou voir mon frère. J.-P. est le seul de mes trois frères qui était réellement au courant de la situation. Parce qu'il était venu en vacances avec nous et avait ainsi eu l'occasion de voir le véritable visage de mon mari. Il était le parrain de mon fils et a toujours été un soutien pour moi. À l'époque, mes autres frères n'habitaient pas Paris, et ma sœur, beaucoup plus jeune que moi, ignorait tout de ma vie. Du moins nous ne l'évoquions jamais et comme je ne me confiais à personne, pas même à mes parents, seul J.-P., témoin de certaines scènes, pouvait m'épauler et me réconfortait, même si je ne lui disais pas tout.

Quand je rentrais, mon mari était couché et je me glissais dans le lit sans bruit. Les enfants dormaient, ne risquaient rien, et j'avais la paix.

Un jour mon frère me dit : « Mais enfin, tu te rends compte ? Tu mens alors que tu ne fais rien de mal ! »

Je ne pouvais pas lui expliquer qu'on ne pouvait pas discuter avec mon mari. Je n'étais pas une femme douce et soumise pourtant, et je refusais de me laisser battre sans répliquer. Je ne jouais la soumission, le consensus, que lorsque c'était nécessaire pour enrayer la crise, quand les enfants étaient là. Mais une fois seuls, il me poussait à bout. Cette violence qui montait en moi, c'était lui qui la déversait au fur et à mesure de sa colère ; c'était comme un trop-plein d'injustice qui m'étouffait, de rage impuissante. Je ne voulais qu'une chose : le faire disparaître, qu'il souffre et qu'il soit anéanti pour toujours.

Ma rage passée, il avait finalement le dessus et j'avais honte de me comporter comme lui. D'autant qu'il me disait : « Tu vois dans quel état tu te mets ? Tu es folle ! »

Je n'étais pas loin de lui donner raison.

Mon fils, lui, devinait tout :

« De toute façon maman, quand papa est là, tu as tout le temps mal au ventre alors ! Tu dis qu'il est gentil mais c'est même pas vrai…

Bêtement, je répondais :

— Tu sais mon chéri papa est fatigué… »

Jusqu'au jour où la maîtresse de Jean me convoqua. Mon fils était agressif, il frappait les plus jeunes. Sur le chemin du retour, je tentai de comprendre :

« Enfin Jean, pourquoi taper les autres ? Ce n'est pas bien, tu le sais…

— Ben quoi, moi aussi je suis fatigué… »

Je compris mon erreur et j'essayai de lui expliquer que, fatigué ou pas, on ne doit pas frapper les autres, que c'était inadmissible. L'enfant savait très bien me rétorquer :

« Mais papa il le fait lui et on lui dit rien…

— Oui, mais tu vois, quand il était petit, sa maman aurait dû le lui expliquer… »

J'étais obnubilée par l'idée que mes enfants devaient avoir une enfance stable et que pour cela, ils devaient être auprès de leurs deux parents. Je ne me rendais pas compte que ça ne leur donnait aucun équilibre de sentir leur mère constamment apeurée, d'être terrifiés par leur père et soumis à une atmosphère familiale irrespirable.

Un week-end, nous sommes partis une journée à Honfleur, avec les enfants. Il était de bonne humeur jusqu'à ce que nous nous arrêtions dans un petit restaurant.

Il voulait des tripes et il décida d'en commander pour tout le monde alors qu'il savait que je n'aimais pas ça.

« Mais enfin, lui dis-je, pas pour les enfants, voyons, et puis moi je veux du poisson.

— Alors pour une fois, une seule, tu ne veux pas me faire plaisir…

— Mais prends des tripes si tu veux, au contraire, mais ne nous oblige pas à en manger ! »

Quand la serveuse vint prendre la commande, il se leva furieux et sortit du restaurant en claquant la porte. Elle comprit. Elle m'apporta des steaks frites et m'aida à faire manger le bébé. J'étais au bord des larmes et je ne pouvais rien avaler. J'essayais de rassurer Jean qui ne cessait de m'interroger : « Mais il est parti où papa ? Il a pris la voiture ? Comment on va rentrer ? »

Après le déjeuner, je les emmenai à la gare routière afin de revenir à Paris.

À un moment, mon fils me dit : « Pourquoi tu me dis toujours "Ne t'inquiète pas" ? »

Je ne me rendais pas compte que j'étais si stressée que je répétais ça sans arrêt.

Finalement, il arriva en voiture, comme nous attendions le car.

J'installai les enfants sans rien dire et je montai. Il maugréa entre ses dents : « Tu n'as pas fini de me le payer ! Il faut toujours que tu gâches tout ! »

Cette virée à Honfleur, Jean s'en souvient encore.

Quant à moi, je pris l'habitude de toujours partir avec des papiers, de l'argent, une carte bleue. Je craignais tellement qu'il ne nous débarque de la voiture sur un accès de colère.

Quand les enfants n'étaient pas avec nous, les choses se passaient mieux. Il avait moins d'emprise sur moi. Je pouvais lui résister sans crainte. Je lui répondais et quand il m'insultait, je lui disais des choses blessantes. Un jour, même, je n'ai pas hésité à lui envoyer mon poing en pleine figure et à lui casser deux dents, en retour d'une gifle qu'il m'avait assenée. Tandis qu'il saignait au-dessus de l'évier je lui dis : « Mais qu'est-ce que tu crois ? Si je ne réplique pas, c'est seulement à cause des enfants, mon pauvre, je suis plus forte que toi, je serais capable de te tuer ! »

J'ai vu de la peur dans ses yeux, et un mélange de respect. Cela m'horrifia.

Je venais de comprendre que si je voulais m'en sortir, il me fallait agir comme lui. Instaurer un rapport de force et avoir le dessus.

Mais je ne voulais pas de cette relation.

Chapitre 5

Je ne voulais absolument pas tomber dans ce piège. Qu'allaient penser les petits si nous finissions par nous battre ? Quel exemple allions-nous leur donner ? Ils finiraient par devenir comme leur père, à vivre dans cette violence, où, comme moi, lâche et abrutie de malheur... Non, je ne voulais pas de cette vie pour eux.

Je tentai alors de mettre une distance entre nous.

Comme il avait des insomnies, je lui dis que je dormirais dorénavant dans la salle à manger pour ne pas le déranger. Évidemment, cela ne lui a pas plu. Une nuit, je me réveillai, étouffant. Assis au bord de mon lit, l'œil mauvais, il me serrait la gorge. Je me dressai en le repoussant.

« Tu as eu peur hein ? »

Il sortit de la pièce. J'étais tétanisée. Le lendemain, j'achetai une targette et je m'enfermai pour dormir. Il défonça presque la porte à coups de pied.

Il la répara le jour suivant. Et il me laissa tranquille la nuit.

Pendant quelque temps, il s'habitua à cette distance. Je me levais avant lui le matin, préparais les enfants et nous partions ensemble. Je laissais les deux grands à l'école et la petite à la maternelle, puis j'allais au travail. Le soir, il était souvent absent et je pouvais m'occuper des enfants tranquillement. Il rentrait le plus souvent alors que je les couchais et je n'avais plus qu'à préparer le dîner.

Un soir sur deux, je le laissais pour aller à mes prétendus ateliers ou séminaires. Concentré sur lui-même, du moment que je lui disais que c'était pour mon travail et que, par ailleurs, cela ne m'amusait pas de ressortir, il me laissait tranquille. « Pourquoi ne pas dire la vérité ? » me conseillaient mes amies : mais la vérité, c'était que j'évitais de passer du temps avec lui, de peur d'une crise. C'était impossible à expliquer. Dire simplement : « Je vais au cinéma » aurait été irrecevable pour lui. C'était m'accorder un espace de liberté, un moment de plaisir et l'idée même lui était insupportable. Au contraire, si je prenais un air fatigué, si je soupirais en disant « Mon Dieu je suis de permanence », ou encore « Je n'aurais jamais dû m'inscrire à ce stage le soir »... Aussitôt il m'incitait à y aller. Il fallait qu'il me contre, qu'il m'oblige à forcer ma nature, c'était plus fort que lui, il appelait ça « aller de l'avant ».

« Sans moi, ma pauvre fille, tu resterais là comme une souche, heureusement que je te pousse à aller de l'avant... »

Il ne supportait pas que je sois malade non plus : « Enfin bouge-toi, à quoi ça te sert de rester au lit ? Tu ne guériras pas plus vite... Et en attendant je me coltine les enfants ! »

Il avait une peur bleue de la maladie, pour lui comme pour ses proches. Il redoutait de mourir dès 37°2, quant à moi, à la moindre grippe, il craignait par-dessus tout que je ne puisse plus assurer un quotidien qui le dépassait bien vite.

De nouveau sans travail, il naviguait de dépression en euphorie incontrôlée. Il pouvait passer des jours entiers à fumer la pipe sur le canapé sans desserrer les dents, ou, au contraire, se lever à six heures, s'habiller en chantant à tue-tête et partir toute la journée, je ne savais pas trop où. Lui non plus certainement. Il allait voir des amis, des relations, prendre des cafés avec eux, s'épancher sur le mauvais sort qui s'acharnait contre lui. Il rentrait, souvent agacé et déçu, et je priais pour qu'il retrouve un travail. Pour qu'il accepte, déjà, ce qu'on lui propose.

Il finit par trouver. J'étais soulagée. Il avait négocié des missions ponctuelles. Il partait un mois, voire deux, en province.

Je parlais de lui aux enfants, il leur téléphonait, à moi aussi, il disait que je lui manquais, j'y croyais presque. Quand il était au loin, nos échanges téléphoniques étaient toujours tendres et je me reprenais à croire à une vie de famille possible.

Puis il revenait, et au bout de deux jours je me rendais compte que je déployais des efforts terribles pour maintenir la paix à la maison. Il était moins violent mais, verbalement, il était toujours blessant. Dès que je parlais de mon travail, de nouveau, il me dévalorisait : « Mais qu'est-ce que tu crois, tu n'es pas journaliste, tu écris dans un torchon institutionnel ! » Ou encore : « Enfin ton travail c'est bien beau, mais tu gagnes à peine de quoi faire tourner la maison, je ne sais pas comment tu te débrouilles… Que ferais-tu sans moi, hein ? »

J'avais cessé de ramener du travail car il traquait les fautes dans mes articles. Je pense qu'au fond, il était jaloux. J'avais un job que j'aimais, des responsabilités, un cercle d'amis et même s'il voulait me couper du monde, il n'y parvenait pas vraiment.

Je cloisonnais ma vie. Personne ne connaissait mon mari, je n'allais jamais nulle part avec lui, pas même dans mon milieu professionnel. Je disais toujours qu'il était en déplacement. J'en parlais peu mais je n'en parlais pas en mal. Personne ne devait deviner ce que je vivais, je me serais sentie diminuée, rabaissée, trop loin de l'image de la femme forte et gaie que je voulais donner.

Car mon entourage me voyait ainsi, j'étais quelqu'un qui parlait beaucoup, qui avait du caractère, qui savait s'exprimer et dire les choses. Qui aurait pu croire que, chez moi, je devenais une autre, une victime apeurée, toujours sur le qui-vive, prompte à lever les mains pour se protéger, évaluant mille stratégies pour garder un peu de sérénité dans ce foyer que j'imposais à mes enfants ? Non, c'était tellement inconcevable, je ne m'expliquais pas moi-même pourquoi je supportais cette vie, donc je préférais la cacher soigneusement.

Je partais en vacances chez mes parents, dans le Sud-Ouest, sans lui. Peu à peu les enfants devenaient mon univers et lui ne comptait plus. À plusieurs reprises, mon fils me répéta : « Pourquoi on ne part pas quand il n'est pas là ? On attend qu'il s'en aille et hop on s'en va !... Pourquoi on ne fait pas ça maman ? »

Nous allions également voir la mère de mon mari en Normandie, mais là-bas, tout était prétexte à conflit. Il encourageait les enfants à se moquer d'elle et j'assistais, la rage au cœur, à l'humiliation de cette vieille dame que j'aimais tant.

Je finis par lui annoncer que j'irai seule là-bas ; s'il voulait voir sa mère, il irait de son côté. Il ne releva pas, persuadé que je changerai d'avis. Mais, plus jamais je ne retournai chez ma belle-mère avec lui au cours des cinq années qui suivirent. Parfois, il emmenait son fils. Jean me confia un jour avec toute la lucidité de ses 8 ans : « Tu sais, papa, il est méchant avec mamie, et moi je l'aime bien mamie, lui, il dit qu'il l'aime, même que c'est pas vrai, sinon pourquoi il casse ses affaires ? »

Ce jour-là, je compris que je ne devais pas excuser le comportement de leur père. Que quand il s'énervait et cassait tout dans la maison, je devais leur dire que c'était un comportement inadmissible.

Mais j'avais peur de casser l'image du père. J'avais même du mal à m'avouer que je ne l'aimais plus. Si bien que plus tard, quand les enfants me demandaient : « Mais tu ne l'aimes plus papa ? » je m'entendais répondre : « Mais si, bien sûr, je l'aime bien, mais plus comme avant… »

N'importe quoi ! J'avais peur en avouant que je n'aimais plus leur père de leur retirer une part d'amour, quelque chose auquel ils avaient droit. Je craignais de briser le couple parental et de leur faire du mal. Il me faudra des années pour comprendre que notre couple était nocif pour eux. J'entends souvent des gens me dire : « Mais enfin pourquoi n'êtes-vous pas partie plus tôt si c'était vraiment l'enfer ?… »

Expliquer que, justement, l'enfer c'était devenu le quotidien mais que cet enfer se déguisait parfois en paradis. Qu'il y avait de bons moments où je me prenais à espérer. Que le doute, la culpabilité me faisait croire que j'étais responsable de cette situation et que j'avais le pouvoir, le devoir d'arranger les choses. Je voyais que les enfants aimaient leur père malgré son caractère (je pense qu'ils l'aiment encore aujourd'hui d'une certaine façon) et je ne m'apercevais pas qu'ils étaient conditionnés, qu'eux aussi, calquant leur attitude sur la mienne, veillaient à ne pas l'énerver, ne pas le contrarier, qu'ils filaient dans leurs chambres au moindre bruit suspect !

Un jour il acheta un matériel de tir aux pigeons pour son fils. Il en rêvait et ils s'amusèrent tous les deux tout l'après-midi. Jean devait me dire : « Quand papa m'a acheté le tir aux pigeons, c'était le plus beau jour de ma vie ! » Et je pensais : « Ai-je le droit de les priver de ces moments-là ? »

Pourtant, insidieusement, comme les enfants grandissaient, je voyais bien qu'ils portaient sur nous un regard qui en disait long sur leur compréhension de la situation.

Il finit par s'en prendre à eux. D'abord à Jean parce que c'était l'aîné.

Il le réprimandait pour un rien : sous prétexte de vérifier ses devoirs il se mettait en colère et déchirait ses cahiers. Je passais alors ma soirée à tout recopier !

Il le grondait en différé. Le matin, Jean renversait son bol, son père nettoyait, et le soir, comme le petit rentrait de l'école, il lui aboyait dessus et le giflait ! Évidemment, notre fils ne se souvenait plus de l'incident du matin et était terrorisé. Je tentais de raisonner son père :

« Mais ça ne sert à rien ce que tu fais, il faut le gronder tout de suite ou pas du tout !

— Bien sûr, avec toi il ne faut jamais rien dire, répliquait-il, les enfants peuvent tout détruire ! »

Il s'enfermait dans une logique qui lui appartenait, il tournait en rond, comme un poisson dans son bocal et sa colère allait augmentant. On aurait dit qu'elle ne naissait pas toujours d'une impulsion mais qu'il la mûrissait, tout au long de la journée, qu'il grossissait les événements comme une boule de neige. Si je ne lui avais pas dit au revoir le matin, il pouvait m'accueillir le soir d'une gifle ; si Jean avait mal rebouché le dentifrice, il pouvait le reboucher calmement devant lui et le déposer ensuite devant son assiette au dîner, préambule à un conflit que l'enfant ne comprenait pas toujours.

Je rentrais le plus tard possible avec les enfants après l'école, pour les bains et le dîner. Comme mon mari sortait souvent en fin d'après-midi, je limitais ainsi le temps où il risquait de s'en prendre à eux. De même, le samedi, ils avaient tous des activités et je les emmenais également à la médiathèque ; le dimanche, nous nous rendions à la piscine le matin et au jardin public l'après-midi. Jamais, jamais je ne pouvais rester tranquille avec eux à la maison quand il était là. Le drame était potentiel et la crise couvait derrière chacune de ses apparitions.

En vacances, au bout de deux jours il en avait assez. Il disparaissait, en criant, avec la voiture. Mais je préférais encore cela, faire les courses à pied avec Dina dans la poussette et les sacs à bout de bras, que de le sentir présent, aux aguets, à chercher comment se déchaîner, sous quel prétexte m'insulter.

D'autant que s'il ne trouvait pas de raison valable, il allait démonter sa voiture et passait ensuite l'après-midi à pester en la réparant. Quand c'était la voiture d'ailleurs, c'était un moindre mal. Un samedi, il démonta la machine à laver, fit sauter tous les plombs et s'en alla en claquant la porte. Je restai tout le week-end dans le noir, à attendre le lundi que le dépanneur arrive !

Les dimanches matin pouvaient bien commencer. Petit déjeuner tous ensemble dans la joie et la bonne humeur. Et puis, en passant dans le couloir, il remarquait que le lustre de l'entrée était poussiéreux. Le temps que je monte habiller les enfants, il avait sorti l'escabeau et démonté le lustre : « Tu vas voir, je vais tout nettoyer... » Inutile de dire que le moment était mal choisi parce que nous devions aller nous promener. Je sortais tout de même seule avec les enfants. À mon retour, tous les morceaux du lustre étaient épars et l'humeur était mauvaise.

« Tu viens déjeuner ?

— Tu crois que je n'ai que ça à faire ? » répondait-il hargneusement.

À la fin de journée, au mieux le lustre n'existait plus, relégué, démonté dans un coin, et il boudait. Au pire il hurlait que tout était de ma faute, que j'étais incapable de tenir une maison, que je lui gâchais son dimanche…

Si les choses n'avaient pas été si épouvantables, elles auraient pu être drôles à raconter… D'ailleurs, mon fils avait rapidement compris la situation et la résumait ainsi : « Papa quand tout va bien, il décide d'aller regarder le moteur de la voiture… Tu es sûr alors que la journée est fichue parce qu'il va tout démonter et tout casser… »

Un soir, en vacances, les enfants jouaient sur la terrasse, après le bain. Je leur défendais d'aller se rouler dans le sable quand ils étaient en pyjama. Mais Pauline, voyant son père au loin, courut vers lui en chaussons. Jean cria : « Maman, Pauline va dans le sable ! »

Leur père arriva, leur dit bonjour et je les envoyais se laver les dents.

Soudain, un pas lourd gravit les marches. J'entendis crier et Jean hurler de peur. Je me précipitai. Le petit était blême. Son père l'avait giflé et le secouait comme un fou en hurlant :

« Espèce de sale cafard ! Ça t'apprendra à rapporter !

J'intervins et pris Jean dans mes bras, pour le calmer.

— Tu es fou ! Mais de quoi parles-tu ?

— Je vais lui apprendre à rapporter quand sa sœur va dans le sable… »

Il avait les yeux injectés. J'étais dressée contre lui. Il a vu que j'étais en colère et il est parti brusquement.

Pendant des années, Jean a eu peur des cris, des situations conflictuelles. Quand il voyait des gens dans la rue parler un peu vivement, il se rapprochait de moi en tremblant. Il me disait : « J'aime pas quand on se "discute"… » Il me confiait aussi : « Papa, il me fait peur ! »

Je commençais à penser sérieusement que je devais le quitter. Mais j'étais paralysée. Mon cerveau fonctionnait à toute vitesse, je m'adaptais en permanence au conflit, à des situations surréalistes, aux changements d'humeur ; mais j'étais bloquée dans mes actes, incapable d'agir, de prendre mes enfants et de partir. Le quotidien était tellement difficile, j'avais le nez dessus et pas assez d'énergie pour élaborer une quelconque stratégie de fuite. J'étais tellement oppressée, tellement tendue en permanence. Tout moment calme, toute journée un peu sereine me permettait une respiration. Comme un élan que je prenais pour encaisser les journées suivantes. Tout mon corps était durci par une attention constante, par un souci d'évitement du conflit qui m'empêchait même de voir le temps qu'il faisait.

Les scènes devaient pourtant se multiplier et atteindre des sommets qui, petit à petit, me firent basculer.

Un soir, il traîna Jean dans les toilettes, pour lui mettre le nez dans l'urine qu'il avait fait tomber à côté de la cuvette. Jean pleurait et résistait. Son père le secoua et heurta la tempe de l'enfant contre le dévideur de papier. Il passa pile à côté de l'œil : la plaie était profonde.

Furieuse, je me jetai sur mon mari et le frappai comme une folle. Il se protégeait mais j'étais déchaînée, je sentais que j'aurais pu le tuer. Je me disais : « Arrête, arrête, stop, tu vas faire un malheur. » Quand je me calmai enfin, il avait la mâchoire complètement tuméfiée. Je le laissai sur le carreau en lui lançant : « Regarde-moi maintenant, si tu lèves encore une fois la main sur un des enfants, je te tue, c'est clair ? »

J'avais honte de moi, honte de cette violence qu'il avait le pouvoir de provoquer, de l'exemple que je donnais à mes enfants.

Mais au moins, cette nuit-là, il me laissa tranquille. Je pensais lui avoir donné une leçon, lui avoir fait comprendre quelque chose.

Ce fut pire. Devant les enfants il était mielleux et leur disait : « Regardez cette pauvre maman, elle est un peu folle, hein ? Elle n'est pas gentille avec papa… »

Je comprenais sa manipulation, j'essayais d'y être indifférente mais je craignais qu'il ne sème la confusion dans leurs petites têtes. Dina pleurnichait tout le temps, Pauline me fixait parfois de son étrange regard clair avec reproche et Jean se renfermait dans son monde. D'ailleurs, Pauline, devenue grande me révéla un jour : « Tu sais maman, quand j'étais petite, je trouvais que tu n'étais pas gentille avec papa. Je me souviens qu'il t'offrait des cadeaux, des fleurs et que tu ne disais pas merci… »

Elle était trop jeune à l'époque pour se souvenir qu'avant de m'offrir les cadeaux en question, il y avait eu la phase de destruction de mes affaires, d'insultes ou de coups, lesquels m'étaient assenés souvent quand ils étaient couchés. Le lendemain, il était charmant tandis que tout le monde, à commencer par les enfants, me trouvait morose et, pour tout dire, pas très sympathique… Dans ma propre famille, certains le jugent encore aujourd'hui comme un homme très agréable, ils n'ont vu qu'un seul côté de sa personnalité. Expliquer les choses était au-dessus de mes forces. Toute l'énergie que je pouvais encore rassembler, je décidai de la réserver pour m'enfuir.

Un soir je lui annonçai que nous ferions mieux de nous séparer. C'était la première fois que je prenais l'initiative d'en parler ; quant à lui, il brandissait souvent la menace du divorce, sans penser une seconde que j'aurais pu accepter… Il haussa les épaules : « De toute façon, tu crois que tu pourras t'en sortir sans moi avec trois enfants à charge ? Parce que moi, si tu pars, je ne te donnerai rien, je me mettrai au chômage et tu n'auras rien… Tu sais très bien que je peux vivre sans travailler. Je me rendrai insolvable. Essaie, essaie donc ma pauvre ! »

Je m'en fichais. Les problèmes matériels ne me faisaient pas peur. Moins peur que mon existence actuelle. Et puis j'avais un travail, une famille, je savais que j'aurais de l'aide. Et surtout, je m'en rends compte aujourd'hui, j'étais jeune : à 32 ans, on a encore le courage de prendre sa vie en main, et peut-être une certaine inconscience. Les femmes que j'ai rencontrées et qui ne sont pas parties étaient souvent plus âgées et les craintes sont plus grandes. On se sent plus vulnérable en prenant de l'âge.

Quand il sentait qu'il m'avait poussée à bout et que j'étais capable de partir, il changeait de tactique et se mettait à geindre : « Si tu pars, je me tire une balle dans la tête. (Il n'avait pas d'arme, mais bon.) Ma vie c'est toi, et les enfants… Enfin, tu sais bien que je t'aime… »

S'il nous aimait, c'était d'une façon pathologique. Car il était incapable d'aimer vraiment. Il ne s'aimait pas lui-même et il avait fini par détester chez moi ce qui lui avait plu de prime abord. À savoir ma joie de vivre, mon allant, mon côté positif. Désormais, dès qu'il me voyait rire, sourire avec les enfants, il trouvait le moyen de créer un drame. Il cherchait tous les prétextes pour me faire de la peine et, évidemment, les enfants étaient un instrument rêvé pour lui… Je m'étais donc repliée sur moi-même, veillant à ne jamais être trop gaie en sa présence, à ne pas avoir l'air heureuse, sachant que le motif de ce bonheur passager serait immanquablement piétiné.

Ainsi, un soir de Noël, j'avais décoré le sapin et, les enfants couchés, j'avais mis tous les cadeaux dans leurs petits chaussons. Je ne tenais pas en place et j'allai le chercher pour lui montrer mon œuvre. Devant son air mauvais, j'éteignis, mais une fraction de seconde trop tard, la joie dans mon regard.

Il commença par grogner : « Ce sapin naturel… Tu sais bien que je suis allergique… Et puis ces cadeaux… Ah c'est bien toi, tout ce qui compte ce sont les enfants ! Je parie que le repas n'est pas prêt ? »

Et, bien sûr, le repas n'était pas prêt.

Rageusement, il flanqua un coup de pied dans les cadeaux, attrapa le sapin et, avant que je puisse intervenir, ouvrit la fenêtre et le lança sur le trottoir.

Je pleurais à chaudes larmes quand je descendis dans la rue ramasser comme je pouvais l'arbre décrépit. Vraiment, je n'en pouvais plus.

Je remis le sapin en place tant bien que mal et lui dis : « Je vais me coucher, tu expliqueras demain aux enfants pourquoi il y a tout ce gâchis… »

Je m'enfermai dans la chambre en le laissant aller et venir dans le salon. Plus tard, il vint gratter à ma porte mais je fis semblant de dormir.

Je sombrai finalement dans un sommeil peuplé de cauchemars jusqu'au matin.

Les cris de joie des enfants me réveillèrent. J'allai dans le salon. Le sapin trônait, magnifique, les cadeaux empilés dans les chaussons. Sur la table, le petit déjeuner était servi avec un bouquet de roses. En me voyant, il se leva en s'écriant : « Ah ! Voilà maman ! Tu as bien dormi ma chérie ? Viens vite ouvrir les cadeaux ! »

Je restai un peu raide. J'avais encore des sanglots dans la gorge, mais les enfants étaient ravis, ils sautaient partout au milieu de leurs cadeaux. Je fis donc un effort pour paraître détendue.

Plus tard, ma belle-famille vint déjeuner et mon mari rivalisa de gaieté, se levant pour desservir (« Reste assise ma chérie... »), jouant avec les enfants surexcités qui couraient dans le salon (« Mais laisse-les donc, c'est Noël... »).

Ma belle-sœur, un peu plus fine que les autres, me prit à part en partant :

« Ça va ? Tu es transparente, tu as des soucis ?

J'eus envie d'éclater en sanglots mais je me contins :

— Non, non, juste un peu de fatigue...

Et ma belle-mère, de s'exclamer :

— En tout cas, vous avez de la chance d'avoir un si gentil mari, on peut dire qu'il vous aide bien ! Il est en train de tout ranger... »

Avec le recul, je comprends les gens qui ont témoigné contre moi au moment du divorce, répétant ce que leur disait mon mari, que j'étais malade, fragile, un peu dérangée même. Eux, n'ont pas vu le gentil père de famille lancer le sapin par la fenêtre, ils n'ont pas vu le mari exemplaire me frapper avec une chaise parce que j'osais protester, ils n'ont pas entendu les pleurs d'un petit garçon de 9 ans, enfermé dans sa chambre au milieu de ses cahiers déchirés inutilement.

Moi-même je continuais à penser qu'un jour les choses changeraient peut-être.

Chapitre 6

Au bout d'un moment, après avoir cessé sa thérapie et ses médicaments, je crois qu'il a fini par comprendre que nous ne pouvions plus vivre ensemble. Il voyait bien que je me révoltais. Par ailleurs, les enfants grandissaient et je sentais, et lui aussi sûrement, qu'ils n'étaient pas heureux entre nous.

Mais chaque fois que j'évoquais une possible séparation, il se trouvait une mission de trois mois au bout du monde. Depuis la naissance de Dina, il n'avait pratiquement jamais vécu avec nous. Il me rendait responsable de la situation de notre couple. Incapable de se remettre en question, il préférait penser que tout était de ma faute. Et quand il sentait poindre trop de révolte en moi, quand il voyait qu'il avait dépassé les bornes, il rétropédalait et nous vivions un moment d'accalmie.

Un de ses rares amis lui posa la question un jour :

« Tu ne crois pas qu'elle va s'en aller, un jour, ta femme ?

Et lui de rire, sans savoir que je l'entendais :

— Tu rigoles ? Je rattrape toujours le coup, tiens, c'est comme un poisson au bout de la ligne... »

De mon côté, je croisai dans un jardin public où j'emmenais souvent les enfants, à côté de la maison, une amie d'enfance que je n'avais pas vue depuis longtemps. Elle admira les petits, nous avons parlé de notre jeunesse partagée. Soudain elle me demanda : « Qu'est-ce qui t'est donc arrivée ? Tu es éteinte, toi qui étais si pleine de vie ? »

Et au lieu de dire la vérité, de raconter l'enfer de mon quotidien, je mis cette fatigue sur le compte de mon travail, les enfants, la perte de mes bébés...

Pourquoi est-ce que pendant tant d'années je n'ai parlé à personne, ni à mes ami(e)s, ni même à ma famille ?

Je crois que j'avais honte de supporter toute cette violence, et puis honte d'avouer que je n'avais pas réussi à sauver notre couple. Je me rendais compte aussi que l'attitude de mon mari était inexplicable. Je craignais de ne pas être crue, surtout par ceux qui le voyaient épisodiquement et avec qui il se montrait sous son meilleur jour.

Une fois, ma mère a compris sans doute que j'allais mal car elle m'a serrée dans ses bras en disant : « Ah ! Parfois la vie est difficile n'est-ce pas ? »

Je n'ai pas saisi la perche. En fait, je n'aurais pas su par quel bout commencer. Et quand j'essayais d'y voir clair, je m'apercevais avec effroi que les choses avaient mal commencé, ce qui accentuait ma culpabilité. « Allons ! me persuadais-je, si tu es encore là au bout de tant d'années, c'est bien que les choses ne sont pas si terribles ! » Je ne savais plus comment me justifier, ni comment justifier mes décisions, quelles qu'elles soient. Et puis au départ, il ne déplaisait pas à mes parents, au contraire. Un homme agréable, instruit, d'un bon milieu, avec un travail respectable. Quand le masque est tombé, j'ai moi-même mis du temps à y croire. Je cherchais désespérément à retrouver l'homme qui m'avait séduite, qui était si intéressant, si attentionné, que tout le monde appréciait. Comment expliquer à tout le monde ce que j'étais devenue ?

Seul mon frère J.-P. et une amie me comprenaient. Cette dernière avait vécu une histoire semblable. Et je n'avais d'ailleurs même pas eu besoin de lui expliquer la situation. Elle a compris mes non-dits, ne m'a jamais posé aucune question et a été d'un immense soutien pour moi.

J'allais souvent chez elle, me ressourcer un peu. Elle me rassurait : « Mais non, tu n'es pas folle du tout, c'est normal que ce soit dur, tu vis des choses difficiles… » Elle ajoutait : « Tu sais, quand on a vécu comme moi avec un caractériel, on les repère… »

Ce qui est vrai. Aujourd'hui je sens immédiatement quand un homme peut être potentiellement violent. Je sens à distance cette disposition et, parfois, je me raidis face à des hommes qui ne m'ont rien fait mais chez lesquels je décèle de la violence. C'est comme un sixième sens. Tel un chien habitué à renifler la drogue, je déchiffre les comportements caractériels et les masques se déchirent dès que je suis en présence d'un homme instable et potentiellement agressif.

J'étais éteinte, accablée, mais j'avais mon travail et là, j'étais active et performante. Ce boulot me sauvait la vie. Huit heures par jour, je faisais autre chose et je repoussais les problèmes tout au fond de mon esprit.

Et puis il y avait les enfants, je m'en occupais beaucoup, je passais tout mon temps libre avec eux. J'organisais des balades, des fêtes et je tâchais, le plus souvent possible, d'en exclure leur père. Il n'aimait pas la mer ? Je les emmenais à

Deauville. Il détestait le cinéma ? J'avais des places au Grand Rex. Il n'appréciait pas mes parents ? Dommage mais c'est chez eux que j'emmenais les enfants en vacances. Il me faisait des reproches, on ne faisait plus rien ensemble, on vivait à côté l'un de l'autre et, certainement, il en souffrait.

Mais j'avais compris que l'indifférence était une arme contre lui. Je ne lui répondais pas, je me laissais malmener, et quand je le sentais à bout, je partais. Souvent, je me réfugiais chez notre voisine, Sylvie. Je restais une heure chez elle, puis je l'invitais à la maison.

Elle me servait de garde-fou. Il la craignait un peu, c'était une grande femme, solide, infirmière, qui n'hésitait pas à le remettre en place. Et devant elle, il s'efforçait d'être charmant même quand il bouillait. Quand j'arrivais en criant d'un ton enjoué : « Sylvie est venue prendre le thé », il était obligé d'être à peu près calme.

Cette voisine fut la première à comprendre la situation. Elle a été témoin de sa violence envers les enfants et si elle essayait de rester neutre, c'est parce qu'elle savait qu'ainsi elle pouvait nous aider.

Je crois qu'elle était une des rares personnes à ne pas avoir peur de lui. Au moment du divorce, ma belle-mère, propriétaire de l'immeuble, fera le tour des voisins, accompagnée de son fils, pour leur intimer l'ordre de témoigner contre moi sous peine d'expulsion. C'était un immeuble encore sous le régime de la loi de 1948, avec un loyer très modéré ; et les locataires craignaient de devoir quitter les lieux si les propriétaires faisaient des travaux les autorisant légalement à augmenter le loyer. Seules deux personnes ne firent aucun témoignage contre moi. Sylvie et la gardienne, une Portugaise vaillante et courageuse, qui les vira de sa loge proprement en criant : « Si c'est pas une pitié une chose pareille ! Une dame si douce, si gentille, jamais, jamais je n'écrirai rien contre elle... »

Elle monta même voir la vieille dame du premier pour lui interdire de signer quoi que ce soit : « Sinon je ne ferai plus votre ménage... C'est honteux vous savez, moi je sais bien comment il est ce monsieur, je le vois, je l'entends !... »

Les gens ne risquaient pas grand-chose pourtant, la loi les protégeait. Mais chacun veille à ses intérêts et peut-être étaient-ils tous convaincus que j'étais hystérique, dérangée...

L'un des voisins expliqua que mes enfants faisaient du bruit dans l'escalier, l'autre que je pleurais sans arrêt (signe de problèmes mentaux, bien sûr) la troisième que « mes » fils (alors que je n'en ai qu'un) avaient occasionné une fuite d'eau en faisant déborder la baignoire (ce qui était vrai d'ailleurs, mais ne faisait pas de moi une mauvaise mère).

Je ne voulais pas entrer dans ce jeu mesquin et gratuit d'accusations, et puis je n'avais personne dans mon entourage pour le faire. Je me bornais à demander à mes proches des écrits attestant que j'étais une personne normale, une bonne mère, des témoignages « pour » moi mais pas « contre » lui.

« Que voulez-vous, devais-je dire à mon avocat, il n'a jamais levé la main sur moi en public, je ne peux tout de même pas inventer des témoignages...

Et lui, d'un haussement d'épaules :

— Vous êtes bien scrupuleuse. Vous savez dans ce genre de combat, 99 % des écrits sont faux... »

Je crois que je n'osais pas encore mêler les gens à notre vie sordide. Je ne pensais pas non plus qu'il m'accablerait autant. Je me disais qu'au fond, il devait bien savoir que c'était fini entre nous, que la situation n'était pas viable.

Je n'avais pas compris qu'en le quittant, je lui ôtais son jouet, son souffre-douleur. Il ne pouvait pas le tolérer et aucun raisonnement n'aurait de prise. Dans son esprit, rien ni personne ne pouvait se mettre en travers de son désir, de son plaisir, de la jouissance immédiate.

Déjà, je ne m'écrasais plus, je le heurtais de front, je savais les mots qui lui faisaient mal, je connaissais ses failles, je pouvais le blesser moi aussi. Libérée de la présence des enfants, je prenais plaisir à le défier, à lui résister. Je téléphonais durant des heures quand il était là, je m'enfermais dans mon bureau, je ne faisais plus rien à manger, je le laissais préparer le dîner pour finalement lui annoncer que je n'avais pas faim. En un mot je me vengeais en étant odieuse.

Mais ce n'était pas ce que je voulais. Ni pour moi ni pour les enfants. Quand je revois des photos de moi à cette époque, je suis laide, blanche, triste.

Une amie me demanda un jour :

« Mais tu ne l'as jamais trompé ?

— Non… »

Je n'avais pas la force de rencontrer quelqu'un et, de toute façon, ces dix ans avec lui avaient ébranlé durablement ma confiance en les hommes d'une manière générale. J'aspirais juste à la solitude et à la sérénité.

Comme me disait cette amie, au sortir de son long et conflictuel divorce : « Moi, on m'aurait demandé de rester nonne toute ma vie j'aurais signé… »

Parce qu'on ne croit plus à rien, plus au bonheur, on est anéanti.

Certains m'ont dit aussi : « Il vous a fallu du courage tout de même pour partir avec trois enfants… »

Ce n'est pas du courage. Quand on est au bord du précipice avec des flammes derrière soi, on saute, on n'a pas le choix. Il n'y a pas de courage, c'est la seule issue.

Le vrai courage, c'est d'oser le comprendre à temps.

Mon mari sentait bien que je ne supportais plus cette vie et, sagement, il enchaîna deux missions. Il était aux aguets, il sentait confusément que la limite était atteinte et cherchait à son tour à arranger la situation. Pas par amour, non, par manipulation, il élaborait des stratagèmes pour que je ne lui échappe pas. Car cette idée lui était simplement insupportable. Mais il n'était pas capable de me dire dans les yeux : « Je t'aime, je veux sauver notre couple, dis-moi comment », langage qui m'aurait sans doute touchée. Non, il disait : « Tu n'as pas le droit de me quitter, je t'ai fait confiance, si tu pars tu me trahis… »

Ces paroles me troublaient, mais l'amour avait fini par s'en aller. Comme la mer se retire et laisse le sable mouillé plein de coquillages et d'algues, sa violence s'était déposée en moi comme une alluvion et je sentais sourdre une énergie qui allait remplacer mes sentiments.

Je contactai une première fois un avocat. Je lui parlai d'une voix mal assurée, je ne savais pas quoi faire, comment expliquer les choses. J'étais confuse, j'avais peur que mon mari débarque brusquement dans l'appartement. J'hésitais encore sur la marche à suivre.

L'avocat me répondit très simplement : « Je crois que vous n'êtes pas encore prête… Quand votre mari rentrera, essayez d'en parler avec lui et quand vous serez décidée à vous séparer, n'hésitez pas à me rappeler. »

Je m'inquiétais pour tellement de choses : la sécurité matérielle, mon petit salaire, le logement qu'il garderait, car, me l'avait-il assez répété, j'étais chez lui, mes amis et la peine que j'allais causer à ma famille qui s'inquiéterait...

À la même période, mon mari commença à avoir des problèmes de santé. Il négligeait son traitement et prenait des doses anarchiques d'antidépresseurs et autres Lexomil. Un jour, la femme de ménage le trouva en train d'étouffer dans le salon. Affolée, elle appela le médecin : œdème de Quincke. Il lui prescrivit un traitement et me conseilla d'avoir toujours à portée de main une trousse d'urgence au cas où.

Une nuit, je m'éveillai car un bruit inhabituel m'arrivait du salon. Il se levait souvent, mais là, j'entendis une sorte de râle. Tout de suite, je pensai : « Ça y est, il refait une crise, un œdème... » Je sautai du lit, mon premier mouvement étant de courir chercher la trousse pour lui faire une injection d'antihistaminique, comme m'avait montré le médecin.

Et puis soudain, je me rassis. Et si je ne faisais rien ? Je restai là, silencieuse, écoutant sa respiration saccadée. Dans ma tête défilaient des images. Je retrouvais mon mari mort au petit matin, j'étais libérée, je pourrais même le pleurer.

Et puis, d'un coup, j'eus honte de moi et me précipitai.

Il suffoquait dans le fauteuil, j'attrapai la trousse et lui glissai un comprimé sous la langue tandis que je préparai l'injection.

Au bout de quelques minutes, il respirait mieux.

J'appelai le médecin, tout de même, qui me félicita : « Vous avez assuré me dit-il, il aurait pu y rester, surtout que c'est la deuxième fois. »

Il se mit à geindre. Il avait peur, il voulait que je reste près de lui cette nuit-là. Je montai dans sa chambre et m'allongeai à ses côtés. Il s'endormit et je restai avec ma culpabilité. Dire que j'étais prête à le laisser mourir, à commettre un crime ! Je ne me connaissais pas cette cruauté. Si je refusais d'être une femme victime et humiliée, je ne voulais pas non plus devenir cette mégère acariâtre qui sourdait de plus en plus en moi. Ma décision était prise, je le quitterai. Je ne devais pas acheter ma paix avec sa mort et donner à mes enfants une mère criminelle.

J'ignore s'il s'est rendu compte que j'avais tardé à venir. Il me remercia le lendemain et m'acheta même un bijou, une petite bague en or (qu'il devait me confisquer assez rapidement d'ailleurs !).

Mais combien de fois l'idée de sa mort, accidentelle, m'a traversé l'esprit ? Je m'imaginais revenant le soir du travail, ou le trouvant au matin dans son lit et j'arrivais même à m'imaginer comme j'en étais désolée ! Parce que je savais qu'à ce moment-là, j'obtiendrais de la compassion, de l'aide, que les gens me soutiendraient.

Tandis que quitter mon mari signifiait à l'époque me mettre en tort, rester dans une situation difficile. Personne ne comprendrait que je quitte un homme si attaché à sa famille, qui partait au bout du monde pour assurer notre bien-être, avec qui j'avais eu trois enfants, pour vivoter toute seule dans la précarité… Ma mère, à qui je fis quelques allusions, comprenait sans doute mais pas complètement puisque je ne rentrais jamais dans le détail. Mon meilleur ami me dit de m'interroger sur mes sentiments, il lui semblait que j'aimais encore le père de mes enfants et puis, il en avait toujours été ainsi alors pourquoi d'un coup ne plus supporter ?

C'est vrai, pourquoi ? Quelles sont les raisons qui poussent une femme à vivre dix ans un enfer en croyant que le paradis finira par exister et qui du jour au lendemain ne veut plus vivre cet enfer ? Quelle est la limite du supportable ?

La mienne a été atteinte le jour où je réalisai que mes enfants subissaient de plein fouet cette violence et que les choses n'allaient pas aller en s'arrangeant. Jean grandissait, et qui sait ? un jour peut-être se battrait-il lui aussi avec son père ?

Comme devait me dire ma fille aînée plus tard : « Pour moi, tu nous as sauvés de papa ! »

J'avais toujours cru qu'un couple qui reste uni pour ses enfants vaut mieux que des parents séparés. Que tant que les enfants étaient là, il fallait rester ensemble. Mais des exemples autour de moi, à l'époque, m'ont peu à peu démontré le contraire et aidé à franchir ce pas décisif.

Une de mes amies qui, comme moi, avait trois enfants, arriva un jour au parc, dans tous ses états : « Mes parents divorcent... »

Elle était au bord des larmes, pleine de colère et d'incompréhension. Elle me raconta :

« Ils nous ont expliqué qu'ils étaient restés ensemble à cause de nous, les enfants. Mon dernier frère est marié et ça y est, ils se séparent, c'est dingue non ?

Je tentai de comprendre son désarroi :

— Oui, bien sûr, mais quelque part, tu peux leur en être reconnaissante, au fond, ils vous ont préservés, si tu ne t'en doutais pas, c'est qu'ils ont réussi malgré tout à vous offrir une enfance harmonieuse...

Elle m'interrompit furieuse :

— Mais tu ne comprends pas ? Justement, ils nous ont trompés, trahis... Toutes ces valeurs sur lesquelles j'ai fondé ma propre vie, tout cela est faux, du vent, une vaste supercherie... »

Je me disais que j'aurais agi de la même façon si j'avais eu un mari plus calme, plus compréhensif. Que j'aurais été d'accord pour sacrifier une partie de ma vie afin d'assurer une certaine stabilité financière et affective à mes enfants. Mais, face au désarroi de mon amie, je mesurais soudain toute l'importance de la vérité, d'une parole vraie pour les enfants.

Leur faire croire à un amour qui n'existe plus, à un couple qui ne dort même plus ensemble, à quoi cela les mènera-t-il plus tard ? Comment sauront-ils si ce qu'ils vivent est vraiment le bonheur s'ils ne l'ont jamais rencontré ?

J'avais une autre amie qui vivait tranquillement auprès d'un mari et de deux petites filles. Il la trompait, elle avait souvent les yeux rouges mais elle restait : « Tant qu'il revient vers nous, c'est que nous sommes plus importantes pour lui, et je préfère être malheureuse avec lui que sans lui… C'est comme ça… » Pourtant ses filles souffraient de voir leur mère malheureuse.

Quel tort faisons-nous à nos enfants en acceptant l'inacceptable ?

Pour les miens, le mal était déjà fait.

Leur quotidien était tissé de violences, de hurlements terrorisants comme de chuchotements angoissants. De non-dits (on part plus tôt à l'école, papa fait une crise) en mensonges (j'ai une super idée, au lieu de rentrer à la maison on va au McDo ?… Papa est là plus tôt que prévu), mes enfants, surtout Jean, ont su déchiffrer très vite mon regard pour savoir quand il fallait se taire ou quitter la pièce.

Moi qui les aimais tant, j'avais peuplé leurs rêves de cauchemars effroyables en baignant leur réalité d'une tension nerveuse qui évoluait au gré des humeurs de leur père.

J'avais eu tout faux.

Mais il n'était pas trop tard, j'étais restée pour eux, maintenant j'allais partir pour eux.

CHAPITRE 7

En mai 1991, j'obtins une promotion, je fus nommée chef des reportages à la rédaction de mon journal. J'étais ravie car j'encadrais des jeunes aspirants, issus d'écoles de journalisme, qui venaient accomplir leur service militaire.

J'étais bien organisée, les enfants étaient tous à l'école, une jeune fille les gardait le soir et les emmenait le mercredi à leurs diverses activités.

Mon mari était de mauvaise humeur car, encore une fois, il n'avait pas de travail. C'était un bon professionnel mais son caractère empêchait toute carrière constructive. Rentré depuis deux mois de province, il tournait en rond.

Il s'énervait après les enfants, à tel point que j'avais demandé à la jeune fille de les garder au jardin le plus longtemps possible, en fait pratiquement jusqu'à mon arrivée...

Il fouillait dans mes affaires, dans mes papiers, il pensait que je lui dissimulais quelque chose, ou quelqu'un. Il est vrai que je lui en disais le moins possible sur mes fréquentations et mon travail. Toute mon énergie était concentrée sur les enfants que je devais protéger et sur mon boulot, dans lequel je me sentais valorisée.

Un jour mon fils me lança, alors que je l'avais grondé : « D'abord t'es nulle, tu sais rien faire, ton boulot c'est de la merde !... »

Dans sa bouche, les mots de son père ! J'en éprouvai un vrai malaise, au point de ne même pas réussir à le reprendre. En cours, les choses n'allaient pas très bien pour lui et le redoutable échec scolaire se profilait. L'école représentait une corvée en plus du calvaire qu'il vivait à la maison.

Au contraire, pour les filles, c'était une échappatoire, un lieu de sérénité où elles pouvaient déposer le trop-plein d'angoisses qu'elles vivaient à la maison.

Une fois, une seule, alors qu'elle était en CE1, Pauline pleura. Leur père avait crié dès le matin et avait jeté mes affaires dans l'escalier. Devant le portail de l'école elle éclata en sanglots. Je m'accroupis et essuyai son petit visage : « Ma chérie, ne pleure pas, tu vas passer une bonne journée et ce soir tout ira bien... Tu dois aller à l'école tu le sais... »

Elle se calma. En fin de journée, elle me raconta qu'elle avait un peu pleuré en classe et que la maîtresse lui avait demandé pourquoi :

« Je lui ai dit que j'en avais assez que papa crie tout le temps et que j'avais peur...

— Et qu'est-ce qu'elle a dit ?

— Ben, elle a dit de ne pas m'en faire, que c'était des histoires de grands et que je ne devais pas m'en occuper... Et elle m'a donné un bonbon... »

Cette institutrice monta dans mon estime et, en même temps, je me sentis mortifiée. Elle devait penser que je faisais mener une drôle de vie à ma fille !

Un soir, enfin, j'ai cessé de penser et j'ai agi. Il était rentré alors que je couchais les enfants et m'avait annoncé d'un ton jovial : « Allez ! On va au restau, j'ai une surprise ! »

J'étais fatiguée. Ses journées commençaient à quinze heures, nous vivions toujours décalés. Je n'avais pas envie de sortir, et puis à qui confier les enfants ? Comme d'habitude, le ton monta tout de suite : « Voilà ! Jamais contente ! Dès que je propose quelque chose qui sort de l'ordinaire, c'est non ! Mais bon sang ce que tu es devenue popote et casanière ! Les enfants ? Mais ils peuvent rester seuls, on va juste à côté... »

Une fois encore, je décidai de ne pas le contrarier. J'allai voir Jean qui ne dormait pas :

« Mon chéri, on va au restau, pas loin, si tu as un souci, tu descends chez la gardienne, O.K. ?

— Oui, oui, me répondit-il avec son air sérieux et responsable (trop responsable pour ses 9 ans), ne t'en fais pas maman, il n'y aura pas de problème... »

Je me passai un coup de peigne et dévalai l'escalier. Lui, attendait devant la porte, figé, telle la statue du commandeur.

Dans la rue, le soir de juin était tiède et le boulevard sentait l'odeur des acacias et du chèvrefeuille des jardinets. C'était une belle soirée, un temps pour les amoureux. Et moi, je traînais les pieds derrière mon mari qui m'emmenait manger un couscous, sans même me demander si j'aimais ça...

Aussitôt assis, il me sourit et me prit la main au-dessus de la table. Je lui souris en retour. J'étais nouée mais je m'efforçais de me détendre : pour une fois qu'il était bien, je ne voulais pas tout gâcher avec mes angoisses.

Il commanda un couscous royal, me servit du vin et annonça :

« On vient de m'offrir un poste à la Martinique, tous frais payés, en famille, déménagement compris, pour trois ans minimum. J'ai accepté tu penses, ce sera formidable pour nous, un nouveau départ, me dit-il tendrement.

— Et mon boulot ? dis-je faiblement.

— Ton boulot ? (Il balaya le problème d'un geste.) Mais avec ce que je vais gagner, tu as le temps d'en trouver un autre, ma chérie…

Je ne pouvais plus respirer, mon assiette était intacte et je restai figée sur place.

— Alors ? » me demanda-t-il.

Il était à demi inquiet et à demi agacé. Je crois qu'il pensait sérieusement que j'allais être ravie. Il était trop égocentrique pour penser ne serait-ce qu'une seconde aux bouleversements de ma vie et de celles des enfants. C'était bien pour lui, c'est tout ce qui comptait. Il mangeait avec plaisir, se servait du vin, il était content, détendu et je pensais : mais bon sang il est complètement à côté de la plaque !

Et soudain, je m'entendis prononcer ces mots stupéfiants. Comme si une autre personne parlait par ma voix :

« Écoute… C'est une idée géniale, mais tu vas partir seul… Moi je n'irai pas… Il n'en est pas question.

Il prit une expression butée d'enfant gâté :

— Sans toi je ne pars pas, moi ce que je veux c'est qu'on parte ensemble c'est tout.

Je le regardai un instant et repris :

— Tu feras exactement comme tu veux, mais moi de toute façon, je vais te quitter. Donc, ce serait peut-être bien que tu acceptes ce poste, ça pourra t'aider… »

Je m'attendais à une explosion de violence ou encore à des reproches méprisants, hostiles. Mais je crois qu'il comprit instantanément que ma décision était prise. Il avait certainement lu ma détermination dans mon regard : il me connaissait suffisamment pour savoir que c'était irrévocable. Il ne se mit pas en colère, me jeta un coup d'œil peiné, prit sa veste et quitta le restaurant.

Quelque chose se dénoua dans ma poitrine. Je mangeai de bon appétit, je finis même mon verre !

J'étais libre et je n'avais plus peur.

Lorsque je remontai à l'appartement, il n'était pas là.

J'allai dans la chambre des petits. Leur respiration régulière me donna confiance.

Au pied de leurs lits, je fis une promesse : « On va s'en sortir, c'est sûr, la vie va être belle maintenant ! »

Il rentra vers cinq heures du matin et se jeta sur mon lit, en pleurs. Il ne cessait de répéter :

« Je t'aime, je ne veux pas te perdre, je comprends mes erreurs, je vais changer, je te le promets.

— Tu vois, lui ai-je dit alors, toi tu t'en vas, tu rentres au petit matin, et tu ne te demandes pas si les enfants sont seuls ? »

J'avais beaucoup de peine pour lui, de la compassion même. À ce moment, j'aurais voulu pouvoir revenir en arrière, lui dire que je l'aimais, que j'allais partir avec lui. Mais je ne pouvais plus. C'était fini, je savais clairement que je n'étais plus amoureuse et que notre histoire s'achevait maintenant. C'était comme une force, un grand vent d'été, comme des mains invisibles qui me conduisaient, enfin, sur ma route à moi, celle du bonheur et de la sérénité.

Les jours qui suivirent, il pleura tout le temps. Les enfants ne comprenaient pas, il leur disait : « Maman est méchante avec moi », et Dina me poussait de ses petits poings : « Méchante maman ! » Jean restait silencieux mais me regardait avec incrédulité, Pauline, avec sa confiance habituelle, semblait contente.

Je leur expliquai :

« Les enfants je vais quitter papa, je ne l'aime plus, on va aller habiter ailleurs mais vous pourrez le voir quand vous voudrez, bien sûr...

— Quand ? Tout de suite ? questionna Jean.

— Il va falloir un peu de temps...

— Et si papa ne veut pas ?

— Tant pis, il sera obligé...

— Ben, il va pas être content... »

Mon petit bonhomme était inquiet. Je le rassurai du mieux que je pus, assurant que leur père viendrait les voir dans notre nouvel appartement. Il s'écria à ma grande surprise : « Mais maman, non, faut rien lui dire, si tu lui dis où on va, il va nous tuer... »

Quelle image avait-il déjà de son père, quelle peur le tenaillait ?

Mon mari me déclara quelques jours plus tard :

« Bon, écoute je vais accepter le poste en Martinique, mais promets-moi une chose... Reste ici, dans l'appartement avec les enfants et réfléchis. Si à mon retour tu n'as pas changé d'avis alors on divorcera, mais je t'en prie, prends ce temps.

— Mais, c'est tout réfléchi, je ne changerai pas d'avis, j'ai déjà vu un avocat...

— Écoute, on a vécu presque douze ans ensemble, tu peux m'accorder une année de réflexion avant de tout saborder, non ? Ce que je te demande c'est de ne pas engager de procédure tant que je suis au loin... »

Je promis. J'étais soulagée qu'il prenne cette décision, je me disais que j'aurais le temps de me retourner, de chercher un appartement.

Il signa donc son contrat, un an renouvelable deux fois. Il était calme, il me répétait sans arrêt : « Je te fais confiance, hein ? Tu ne m'enverras pas les avocats aux fesses tant que je serai loin ? »

J'expliquai la situation à mon avocat, lui annonçant que, pour l'instant, je différais le divorce. Mais heureusement pour moi, j'avais déjà amorcé quelques semaines auparavant une procédure et mon avocat avait envoyé un projet de requête en divorce sur demande acceptée, lettre que mon mari avait déchirée immédiatement. Quand, bien plus tard, il osa déclarer au juge que j'avais décidé de le quitter alors qu'il était au loin, à travailler pour nourrir sa famille, je pus prouver que mon intention de divorcer était bien antérieure à son départ.

Déjà à l'époque, il avait l'art de réécrire l'histoire à sa façon. Durant les quinze jours qui précédèrent son départ, toute sa famille et ses quelques amis se relayèrent pour tenter de me faire comprendre combien j'avais tort, combien j'étais mauvaise de faire souffrir un homme qui m'adorait.

Ma belle-sœur me dit un jour : « Mais enfin, tu te rends compte, il s'expatrie pour vous offrir une vie meilleure, à toi et aux enfants, et tu veux le quitter ? »

Ma belle-mère renchérissait : « Enfin, vous savez bien qu'il vous adore. »

Et les amis en chœur : « Voyons, tu sais bien qu'il ne vit que pour toi et les enfants ! »

J'essayais d'expliquer, de me justifier. Mais personne ne peut comprendre, admettre, entendre, qu'un homme, souriant, intelligent, aimable et aimant, puisse se transformer en bête odieuse et hurlante sitôt la porte refermée sur les invités. Qui pourrait croire qu'il se glissait la nuit à mes côtés pour faire semblant de m'étrangler ? Que je rentrais le soir et trouvais parfois la maison dévastée, mes papiers déchirés, les jouets des enfants à la poubelle ?

C'était trop compliqué de prouver les faits. Hormis avec mes très proches qui comprirent tout de suite, soit parce qu'ils avaient été témoins, soient parce qu'ils me connaissaient suffisamment, je me murai encore une fois dans un silence qui me desservit.

Mon mari pensait encore que les choses étaient rattrapables, qu'il allait réussir à me faire changer d'avis. Mais j'étais devenue une autre. Mon rôle de victime, de femme faible et honteuse m'avait fait horreur à l'instant où j'avais compris que ce voyage à la Martinique allait refermer sur nos vies un piège terrifiant. Je vivais de façon pénible, mais là, j'entrevoyais l'enfer et mon instinct repoussait cet exil de toutes mes forces. J'avais eu l'expérience du Maroc. J'y avais été heureuse mais j'avais bien senti que j'étais à sa merci, pour le travail, pour la durée du séjour. Et à l'époque, nous n'avions pas d'enfants. Partir outre-mer aujourd'hui, c'était renoncer à une vie professionnelle enrichissante, être sous son contrôle financier, rompre avec ma famille, mes amis et partir vers un univers menaçant parce que précaire et indéfini.

Mon fils devait me dire un jour : « Papa, faut pas être dans ses griffes, tant qu'on peut s'échapper, ça va il se retient, mais quand on est obligé de rester près de lui, c'est terrible, c'est la fin… »

Il savait que, lui ayant donné ma parole, je ne ferai rien contre lui tant qu'il était au loin. Il pensait ainsi préparer une tactique. Mais de mon côté, ma décision était irrévocable. Je mis à profit ce temps de solitude pour faire le plein d'énergie.

J'avais rompu mes chaînes et compris que les décisions m'appartenaient aussi.

J'étais à la dérive dans ma vie et, d'un seul coup, je reprenais les rames.

Chapitre 8

Un lundi de juin 1991, j'accompagnai mon mari avec un couple d'amis, le parrain de mon mari et sa femme, très gentils, à l'aéroport de Roissy. Sans émotion je le regardai disparaître. Lui était mal et triste. Il faisait peine à voir. Mais je me sentais détachée, calme. Je n'osais pas encore être heureuse. Je me convainquais qu'il ne reviendrait pas et que je serais tranquille.

Son parrain me dit dans la voiture, comme il me ramenait vers Paris : « Tu sais, son problème, c'est que jusqu'à aujourd'hui (soit jusqu'à ses 45 ans), il n'a jamais été contrarié… Là, tu ne fais plus comme il veut, c'est insupportable pour lui… »

Il me raconta son enfance. L'internat en Suisse, ses difficultés scolaires qui me rappelaient étrangement celles de mon fils, l'accident de voiture qui coûta la vie à sa fiancée alors qu'ils avaient 25 ans… Il n'avait jamais été aidé, jamais été écouté dans sa peine ni ses tourments. Ce n'était pas l'époque, il fallait se débrouiller seul et lui n'avait pas su.

Il s'était construit de travers et me faisait payer mon enfance heureuse, mon caractère enjoué et surtout mon goût pour la vie qu'il ne pouvait pas admettre puisqu'il en était totalement dépourvu. J'avais accès à la joie de vivre et il en était frustré jusqu'à la haine.

Son parrain me dit que je devais l'épauler, qu'il avait pris conscience du mal qu'il me faisait, qu'il ne voulait pas me perdre et qu'il était persuadé qu'il pouvait changer : « C'est trop tard, lui répétais-je, je ne peux plus être son infirmière, celle qui écoute, le rassure, le soigne, je ne peux plus être son souffre-douleur, je n'y arrive plus… »

Je voyais bien qu'il souffrait vraiment mais je savais aussi que c'était terminé pour nous deux. Je ne voulais pas lui faire de mal. Je n'ai jamais été dans la vengeance à son égard. Je voulais juste la paix. Enfin.

Bien sûr, chacun y alla de son reproche. Lui, ayant battu sa coulpe en public, auprès de sa famille, il se réfugiait derrière sa maladie. Il faisait des efforts pour s'en sortir, jusqu'à consulter un psy, il avait pris des médicaments ; je savais tout cela, mais je comprenais aussi qu'il en serait toujours ainsi. Il ne pouvait pas changer.

Quand quelqu'un de proche arrivait à lui faire prendre conscience qu'il avait mal agi en me brutalisant, en terrorisant les enfants, il répondait que c'était de ma faute, que je le poussais à bout, que cette tentative de divorce l'avait achevé et que moi seule pouvais lui rendre la sérénité.

J'avais accepté de jouer le jeu, de suspendre la procédure, de rester dans l'appartement, d'expliquer aux enfants que papa était parti travailler loin. Sa famille respirait, la mienne aussi, chacun pensait que les choses allaient se tasser. Moi seule je savais que le temps de la séparation était venu.

Les vacances d'été furent magnifiques, calmes et ensoleillées. Je revins reposée comme jamais. Les enfants souriaient, chantaient, invitaient des copains. Pauline voulut un chat, elle eut une petite chatte, surnommée Alsace, boule noire et blanche dont les enfants étaient fous.

La rentrée démarra sereinement. Jean avait un jeune maître, et il travaillait bien.

Je me sentais vraiment mieux. Je pensais qu'il avait compris et qu'il resterait indéfiniment absent, une façon de contrôler à distance, d'éviter l'inévitable. J'étais naïve.

À la Toussaint, sans crier gare, Il revint pour huit jours. Il vivait mal, seul, exilé au bout du monde et puis, ajouta-t-il, il voulait voir si j'avais « progressé dans ma réflexion ». Ce séjour fut épouvantable. Il faillit tuer la petite chatte sur laquelle il balança le fer à repasser avant de l'enfermer dans le placard. Ma concierge, outrée, recueillit chez elle la pauvre bête, complètement terrorisée.

Le soir, je ramenais les enfants, m'en occupais et filais dormir chez mon frère. J'essayais d'éviter tout contact mais les disputes éclatèrent tout de même.

Il bloqua l'accès à son compte et décida de ne plus me verser d'argent. Je m'en fichais, j'y arrivais avec mon salaire.

Jusqu'au jour où la feuille d'impôts arriva. Il y en avait pour vingt-cinq mille francs ! Évidemment, je ne pouvais pas payer et il resta sourd à mes demandes. Je me souvins alors qu'il m'avait fait, il y a longtemps, une procuration sur la Caisse d'épargne. Qui me remit sans difficulté la somme nécessaire à acquitter les impôts.

Je devais découvrir à cette occasion qu'il avait presque cent mille francs d'actions et d'obligations et que des loyers d'un immeuble dans Paris lui étaient versés sur un compte chaque mois. J'avais vécu plus de dix ans avec cet homme et je ne savais même pas de combien d'argent nous disposions ! Je payais les dépenses quotidiennes avec mon salaire, ma belle-mère nous faisait cadeau du loyer, de son côté il réglait les factures et faisait les gros achats, voiture, machine à laver. Tout le reste était économisé et je n'en savais rien.

Des mois plus tard, mes amis devaient me dire : « Mais enfin, tu aurais dû prendre la totalité de ces cent mille francs ! Tu aurais été à l'abri au lieu de galérer comme tu l'as fait ! »

Mais à ce moment, je me moquais de cet argent ; je voulais juste payer ces impôts. Je ne me rendis même pas compte que, s'il avait procuration sur mon compte, moi je n'avais accès à rien. Il ne m'avait signé cette procuration à la mort de son père que parce qu'il n'était pas en état de faire les démarches nécessaires. Heureusement pour moi !

Je ne voulais pas le voler, ni lui prendre son argent. Je l'ai regretté plus tard. Car lui, refuserait de me rendre mes affaires et celles des enfants, il pillerait mon Codévi et me couperait les vivres, me laissant me débrouiller avec les enfants. Quand il m'accusera d'avoir vendu des objets lui appartenant, je me dirai : « Mais quelle andouille, c'est ce que j'aurais dû faire ! »

Il n'avait jamais été généreux – pas un cadeau, pas de superflu – mais je ne manquais de rien. Quand il cessa de payer les factures, il y eut vraiment un moment difficile. Je réussis à trouver un deuxième boulot. J'assurais le standard le soir dans une clinique privée. Ma voisine et amie veillait sur les enfants endormis, seul Jean était au courant.

Peu à peu, je me sentais revivre, je me sentais capable d'affronter la vie, d'expliquer les choses d'une façon calme et rationnelle.

Je pleurais moins souvent, je sentais moins la boule monter et descendre dans ma gorge. Je regardais autour de moi et c'était le printemps.

J'avais rencontré quelqu'un, Patrick, un jeune homme gentil et tendre qui m'a aidée à passer ce cap. Je le voyais de temps à autre et c'était bien la première fois depuis longtemps que quelqu'un était gentil avec moi. Même si cette histoire n'était pas faite pour durer, elle m'a permis de franchir plus facilement cette période douloureuse.

Et puis un jour, la veille de la communion de Jean, une cousine de mon mari m'appela, affolée : « Surtout, ne dis pas que je t'ai prévenue, mais il revient, il arrive dans trois jours, il est fou furieux, il dit qu'il te tuera plutôt que de te laisser le quitter… Je t'en prie, fais attention à toi… »

Elle pleurait et paniquait complètement. Il avait appelé son parrain et elle avait entendu la conversation.

Je demandai à mes parents d'emmener les enfants après la cérémonie de communion. Les vacances de Pâques démarraient dans huit jours, ils pouvaient manquer l'école. Cette messe qui aurait dû être un beau moment a été vécue dans l'angoisse. Je regardais sans cesse autour de moi, craignant de le voir arriver : peut-être la cousine s'était-elle trompée de date ?

J'expliquai aux enfants qu'ils partiraient en vacances plus tôt que prévu. Ils étaient ravis. Je ne leur dis pas que leur père rentrait, je voulais qu'ils passent des vacances tranquilles. Je savais que leur père n'oserait pas aller chez mes parents.

Je confiai le chat et le poisson rouge à ma voisine et préparai une valise.

Mon avocat m'avait prévenue : « Ne partez pas avant d'avoir discuté avec lui, sinon vous serez en tort. Essayez d'avoir une conversation franche et ensuite, allez chez vos parents, chez une amie. »

J'étais en train d'étendre le linge dans la salle de bains quand j'entendis la porte d'entrée. Il la claqua et cria :

« Tu es là ?

Je m'avançai dans le couloir. Il était déjà hors de lui, au milieu du salon :

— Tu as changé les meubles de place... Tu en profites pour mettre le souk, dès que j'ai le dos tourné !

Il m'aperçut et me saisit par les épaules, brutalement.

— Où est passée ma canne ? Ma canne en argent ?

Je me dégageai et tentai de parler calmement :

— Mais elle est là-haut, dans le bureau...

Il bondit dans l'escalier et revint avec la canne. Avant que j'aie eu le temps de m'esquiver, il me l'avait cassée sur le dos. Les coups pleuvaient, je ne l'entendais plus.

On sonna.

La voisine d'en face, apeurée, demanda :

— Que se passe-t-il ?

J'en profitai pour aller dans la cuisine et décrochai le téléphone mural. Tremblante, j'appelai chez mon frère. Il était au travail, je n'eus que le temps de murmurer à ma belle-sœur :

— Vite, dis à J.-P. de venir me chercher...

Mon mari fonça sur moi, arracha le téléphone de son socle. Le fil pendait par terre, il criait en me tenant par les poignets.

Devant la voisine médusée, il expliqua :

— Ma femme fait une crise de nerfs, j'essaie de la calmer mais c'est difficile. Allons chérie, viens...

J'étais en larmes, rouge, le visage strié de marques, tremblante. Lui, très calme, l'air affable, me lâcha la main gentiment et fit le geste de me caresser la joue. La voisine ne put pas ne pas voir mon mouvement d'esquive involontaire. J'en profitai pour avancer dans le couloir. Je saisis mon sac et sortis en laissant la voisine entre nous. Je dévalai l'escalier. Il cria par-dessus la rampe :

— Si tu pars, tu ne pourras plus jamais revenir, je te préviens !

Je courus sur le trottoir quand j'entendis klaxonner. Mon frère arrivait. Je m'écroulai en pleurs contre lui.

Il me calma et me dit :

— Bon, on va remonter chercher tes affaires, je viens avec toi…

— Non, non… J'ai trop peur…

Il finit par me convaincre et nous montâmes tous les deux. J'avais la clé, mon frère ouvrit la porte tellement je tremblais. Mon mari l'aperçut et arriva en trombe :

— Elle, elle reste dehors, elle est interdite de séjour ici !

Et, montrant le téléphone arraché :

— Tu as vu ce qu'elle a fait ?

Mon frère était plus grand et plus imposant que lui. Mon mari n'avait par ailleurs jamais été très courageux. Frapper une femme ou des enfants, oui, mais se mesurer à plus fort que lui, jamais !

Mon frère l'écarta d'un revers de main et me lança :

— Va chercher tes affaires…

Je fonçai dans ma chambre récupérer la valise que j'avais préparée quelques jours auparavant. J'avais mes papiers, quelques bijoux, quelques vêtements, c'est tout.

Il hurla :

— Tu ne mettras plus les pieds ici...

— Ça, c'est sûr, rétorqua mon frère, plus jamais, elle ne reviendra ici !

J'étais crispée sur ma valise. Mon frère m'obligea à porter plainte, mais le commissariat du quartier m'expliqua que j'aurais dû rester chez moi, qu'ayant quitté le domicile conjugal, j'étais en tort... J.-P. l'interrompit sèchement :

— Oui mais elle est vivante !... »

Moi, je pensais aux enfants. Pas une seule fois, au cours de ces derniers instants, mon mari ne m'avait demandé où ils étaient. Il tournait en rond dans l'appartement en recensant tous les objets. Il n'avait qu'une peur, qu'il lui manque quelque chose. Il était persuadé que je l'avais volé...

Je sus par une amie qu'il s'était rendu à l'école le lendemain et avait questionné le directeur. Il fit faire une attestation prétendant que j'avais « déscolarisé » les enfants, que je leur avais fait prendre huit jours de vacances de plus pour l'empêcher de les voir.

Nous étions en avril 1992, la guerre avait vraiment commencé.

Il ne me suppliait plus de revenir avec lui, il ne disait plus qu'il était malheureux sans moi. Il était passé aux menaces. Il venait m'attendre à la sortie de mon bureau et m'emboîtait le pas pour savoir où je vivais. Il me disait qu'il me tuerait, qu'il tuerait les enfants. J'avais beau savoir que ses menaces étaient vaines, je ne pouvais m'empêcher d'avoir peur.

J'appelai mon avocat. Il était en vacances. Son associée, une jeune femme, après m'avoir écoutée, me dit :

« Madame, vous avez bien fait de partir et de mettre vos enfants à l'abri. Avec votre arrêt de travail pour coups et blessures, je vais demander des mesures urgentes afin que vous soyez autorisée à vivre séparément…

— On me dit que je suis en tort.

— Et alors ? Ce n'est pas le propos, je suis là pour vous défendre, ne vous inquiétez pas… »

Peut-être parce que c'était une femme, elle a compris tout de suite que je ne pouvais plus retourner vivre chez moi. Elle a également saisi l'urgence de la situation pour les enfants. Moins d'un mois plus tard, nous étions convoqués au tribunal de grande instance de Paris pour l'audience de conciliation.

Si mon avocat n'avait pas été en vacances, je n'aurais pas eu cette avocate remplaçante qui a vraiment bien pris les choses en main. Mon avocat veillait à ce que je ne commette pas d'erreur, à ce que je ne sois pas en tort ; elle, elle avait pour objectif de me protéger, « le reste, c'est mon boulot », me répétait-elle. Je crois qu'elle mesurait mieux la situation et surtout la gravité d'un éventuel passage à l'acte de mon mari qui était devenu furieux.

Il le disait d'ailleurs : « Je n'ai plus rien à perdre, si je vous tue tous je me tuerais ensuite. » Même si je n'y croyais pas vraiment, je sentais la peur, familière, m'envahir et saper mes forces. Réfugiée chez une amie, les enfants à la campagne chez mes parents, je mesurais le provisoire de la situation et craignais plus que tout d'être obligée de retourner vivre chez lui.

En attendant, j'allais à mon travail où je n'en parlais qu'à ma collègue la plus proche. Je m'accrochais à mon job. Je voulais rester la plus normale et naturelle possible, je craignais trop que les gens n'en profitent pour me tirer dans le dos, pratique courante quand on sent les personnes s'affaiblir.

Je bossais donc comme une dingue et écoutais les conseils de mon avocate. Je priais vraiment pour que le jour de l'audience, le juge accepte une résidence séparée. Ce jour-là, et ce jour-là seulement, je ferais revenir les enfants.

Le 7 mai 1992, nous étions tous deux dans le bureau du juge.

Chapitre 9

Mon avocate m'avait prévenue : « C'est la seule fois où vous pourrez vraiment parler au juge, lui expliquer votre histoire. Vous devez défendre votre bifteck, c'est votre seule chance, ensuite, tout se passera sans vous… »

Je me revois sur le pont, à regarder la Seine non loin du Palais de Justice. Patrick m'accompagnait avec ma sœur. Je me sentais complètement désemparée. Et puis, brusquement, je me suis exclamée : « Bon, j'y vais » et je les ai plantés là, m'éloignant vers le Palais. C'était comme si je sautais à l'eau.

C'était parti pour le face-à-face.

La veille, seule, j'étais venue repérer les lieux. Je savais exactement où se trouvait le cabinet du juge. Mais aujourd'hui, les couloirs me paraissaient interminables et je n'avais qu'une peur, qu'il arrive avant moi, qu'il m'attende. Mais seule mon avocate m'attendait.

Il apparut quelques minutes plus tard, précédé de son avocat. Il semblait très calme. Il s'approcha de moi pour me dire bonjour et, instinctivement, je reculai. Il eut un mouvement las et un haussement d'épaules, comme pour dire : « Vous voyez, c'est elle qui me repousse ! »

Enfin le juge m'appela. C'était une femme d'une cinquantaine d'années, très gentille. En voyant les minces feuillets dans sa main, je ne pus m'empêcher de penser : « Voilà, dix ans de ma vie tiennent là-dedans ! »

Elle me questionna. J'étais bloquée, verrouillée. J'avais la bouche sèche et je me faisais violence pour sortir une parole.

« Vous voulez divorcer donc ?

— Oui...

— Vous accusez votre mari de violence, c'est ça ?

— Oui...

— Essayez de me raconter... »

J'avais peur de pleurer, les mots ne passaient pas. Je voulais faire bonne impression, car je savais qu'il dirait que j'étais folle, mais je me sentais incapable, nulle, vissée sur ma chaise, avec l'air idiot. Je me souvenais des mots de mon avocate et, intérieurement, je me disais : « Parle, mais parle donc. » J'étais paralysée. Mais cette juge avait sans doute l'habitude et un certain discernement. Elle sut me parler d'autre chose, de mes enfants je crois, de la campagne où ils étaient actuellement, elle me demanda si j'avais peur pour eux. De là, elle parvint bientôt à obtenir des réponses à ses questions :

« Que s'est-il passé entre vous la dernière fois que vous vous êtes vus ? »

Je revis la scène, la canne qu'il m'avait cassée sur le dos, comment mon frère m'avait aidée à récupérer mes papiers...

« Ces scènes arrivent souvent ?

— Tout le temps, enfin, surtout, on ne sait jamais quand elles vont arriver... Il peut aussi être calme et gentil... »

Elle prenait des notes et me regardait d'un air compatissant. Surtout, elle semblait me croire, ce qui était nouveau pour moi et me permit de parler plus facilement au bout d'un moment.

Enfin, je sortis et lui entra à son tour.

Puis elle nous rappela tous les deux avec nos avocats.

Il était très à l'aise. Il expliqua que je n'avais pas l'intention de divorcer, que j'étais fragile psychologiquement, que je m'étais fait monter la tête, qu'il voulait bien me pardonner…

« Alors vous n'avez aucun tort ? questionna la juge, je vois pourtant que vous vous êtes emporté… Votre femme a eu huit jours d'ITT…

— Quelle blague ! Je l'ai à peine secouée… D'ailleurs je le regrette, je m'excuse vraiment, cela ne se reproduira plus…

— Je crois pourtant que ce n'était pas la première fois… Vous savez, monsieur, des hommes qui frappent leur femme chaque jour et le regrette le soir même, j'en vois tous les jours ici !

Elle avait compris que sous sa façade aimable et calme, il bouillait. En un instant il fut hors de lui :

— Mais regardez-la, madame la juge ! Elle est odieuse, elle fait exprès de ne pas dire une parole, pour faire croire à je-ne-sais-quoi…

— Elle a peut-être peur ? suggéra la juge doucement…

— Peur ? Mais de quoi ? hurla-t-il si fort que je sursautai.

— Calmez-vous ! lui intima sèchement la juge. Vous, madame, vous maintenez votre demande de divorce ?

— Oui…

— Vous souhaitez rester dans le logement conjugal ?

Il explosa :

— Certainement pas, cet appartement est à moi, à ma famille, si tu pars, tu te casses…

— Mais les enfants ? Ils pourraient rester dans l'appartement jusqu'à la fin de l'année scolaire, je viendrais le soir m'en occuper…

— Pas question, ricana-t-il. Tu te casses et c'est tout. Tu te démerdes...

La juge l'interrompit :

— Monsieur, je pourrais très bien ordonner que madame reste au domicile avec les enfants, le temps nécessaire pour retrouver un logement... Je vois que vous souhaitez conserver le logement. Vous, madame, que désirez-vous ?

— Moi, je veux les enfants, juste la garde des enfants...

— Très bien. Donc, monsieur, vous gardez le logement, madame vous gardez les enfants... Vous savez où aller ? Sinon je peux vous donner une liste de foyers...

Bien sûr, m'avait-elle dit, elle aurait pu m'attribuer, du moins provisoirement, le domicile conjugal. Mais elle m'avait avertie : « Vous savez, vous ne serez jamais tranquille, les hommes violents en général sont très matérialistes, il ne vous lâchera pas, il vaut mieux pour vous que vous alliez ailleurs... »

J'avais gagné. Je pouvais vivre seule avec les enfants.

Lui se leva et sortit. Je remerciai mon avocate qui m'accompagna jusqu'à la sortie.

« Maintenant, il va falloir se battre pour récupérer vos affaires, la pension, le droit de visite... »

Je m'en fichais. Je me sentais libre.

Maman devait me raconter qu'au cours de cette journée, les enfants s'étaient cachés dans leur cabane, au fond du jardin. Quand elle reçut mon coup de fil, elle sortit et les appela. Ils arrivèrent à toutes jambes et elle leur annonça que le juge nous avait accordé l'autorisation de vivre ailleurs que chez leur père et qu'ils resteraient avec moi.

Ils étaient soulagés.

Malgré tout, je savais bien que les ennuis allaient prendre une autre tournure.

Comme me l'avait dit son parrain, il n'avait jamais été contrarié de sa vie, et là, à plus de 40 ans, quelqu'un s'avisait de lui tenir tête. Il était ulcéré. À partir de ce moment-là, il n'eut plus qu'une détermination : me faire payer, le plus cher possible, ce qu'il appelait la destruction de sa vie.

Il a tout essayé : l'argument matériel, en se mettant au chômage et en cessant de me payer la pension dès le deuxième mois ; le harcèlement, en téléphonant chez moi en pleine nuit et en venant m'attendre au boulot ; tout.

Et puis, il s'en est pris aux enfants, qu'il a instrumentalisés pour m'atteindre.

J'ai vécu trois années difficiles, matériellement et moralement. Trois années de galère et de crainte. Car le plus dur, ce n'est pas de partir, de tout quitter, d'être seule. Non, le plus difficile c'est de se reconstruire. De relever la tête.

Mais jamais, jamais je n'ai regretté mon choix. Même aux heures les plus difficiles, je me disais : « Au moins, je suis en paix, je suis tranquille. » Et je me battais pour offrir cette paix à mes enfants.

J'ai logé deux mois chez mes parents avant d'emménager dans un appartement de l'OPAC, en région parisienne. Heureusement qu'ils étaient là, qu'ils pouvaient m'aider, qu'ils sécurisaient les enfants. C'est une grande chance que j'ai eue, d'avoir une famille à mes côtés. J'ai connu des femmes terriblement seules qui n'avaient rien, ni famille, ni emploi, et qui se sentaient condamnées. Je n'ai même pas eu cette excuse ; si j'avais voulu, j'aurais pu partir bien plus tôt mais j'ai préféré m'accrocher à une illusion de famille. Je m'en suis longtemps voulu pour cette raison.

Durant les premières vacances des enfants avec leur père, j'avais rameuté tous mes copains pour rendre l'appart habitable, décoller le vieux papier, repeindre, lessiver, monter les lits, courir les puces et les brocs pour trouver une table, des chaises, un vieux frigo... Mes enfants avaient vécu jusque-là dans un immeuble parisien cossu, qu'allaient-ils penser de cet appartement HLM ?

En ouvrant la porte, ils poussèrent des cris de joie ! Ils trouvaient ça immense (évidemment, il n'y avait pas de meubles) et en plus, il y avait un grand parc en bas de l'immeuble. Et, surtout, ils étaient chez eux. Ils pouvaient décorer les murs, laisser leurs chaussures dans l'entrée, allumer la cuisine et le couloir sans recevoir une claque, répondre au téléphone... Plus tard, ils me diront que c'était la liberté !

Nous étions heureux. La seule ombre au tableau était les week-ends chez leur père qu'ils redoutaient, dès le lundi. J'essayais de les conditionner, leur disant que leur père serait sûrement content de les voir, qu'ils allaient retrouver leurs affaires là-bas, je leur promettais un petit cadeau au retour. Je finis par leur expliquer qu'ils étaient obligés d'y aller. On ne pouvait pas faire autrement.

Les premières vacances qu'ils avaient passées chez leur père avaient été difficiles. Il ne voulait pas que les enfants m'appellent.

Jean se cachait pour téléphoner et chuchotait : « Maman, viens nous chercher, papa il fait sa crise tout le temps et maintenant que tu n'es plus là, c'est à moi qu'il s'en prend ! »

Je m'en voulais encore plus. Je n'étais plus là pour faire diversion, les emmener au jardin public ou ailleurs. Il n'y avait pas de téléphones portables à cette époque, ils étaient livrés à eux-mêmes, à un père qu'ils surnommaient « le fou ». Jean répétait à chaque week-end où il devait les prendre qu'ils étaient en « garde à vue » ! Je me sentais impuissante à les protéger. Au début, j'ai agi de la même façon que lorsque je vivais encore avec leur père. J'ai cédé à toutes ses demandes, je me suis tue devant ses exigences et ses contradictions. Il voulait les prendre à l'école ? Je leur donnais leurs sacs pour deux jours. Il voulait les ramener le samedi ? Il en avait assez ? Je courais les chercher.

J'ai là encore mis du temps à comprendre. Je pensais que si j'étais de bonne composition, si je ne le contrariais pas, cela se passerait bien pour les enfants. Erreur : quoi que je fasse, s'il devait être odieux avec les enfants, cela ne changerait rien. Quand ils étaient avec lui, c'était le black-out total. Je ne savais rien, et les enfants ont vite compris que j'étais impuissante.

À l'époque, on disait qu'il était important de ne pas couper les enfants du père. Qu'il valait mieux une mauvaise relation que pas de relation du tout. Combien d'enfants ont-ils été sacrifiés à ce principe, à ces généralités que les psychologues, commandités par la justice, décidaient, tranchaient, sans écouter, sans voir la souffrance des enfants !

Du reste, moi aussi, je me disais que je devais les amener à voir les choses de façon positive. À prendre ce qu'il y avait de bien quand ils étaient avec leur père. Aujourd'hui, je crois que quand un parent est nocif il est préférable d'attendre que l'enfant soit armé pour résister à la pression. Il faut élever les enfants dans la sécurité ; ensuite seulement ils pourront affronter un parent déficient ou manipulateur. Bien sûr, les juges ne peuvent pas au premier coup d'œil et en lisant un dossier prendre la mesure de la sincérité de chacun. Alors ils font au mieux, ne prennent pas de risques. Mais les risques justement, ce sont les enfants qui les courent, et les dégâts ce sont eux aussi qui les subissent.

Mes enfants sont allés chez leur père jusqu'à leurs 18 ans environ. Même si, à partir du moment où nous avons quitté Paris, il n'a plus autant insisté, n'allant plus systématiquement chez les gendarmes.

Ils gardent un souvenir horrible de ces week-ends. Ils me reprochent encore de n'avoir rien fait pour les empêcher d'aller chez lui.

Si j'avais pu partir à mille kilomètres plus tôt, ils auraient sans doute moins souffert et auraient redécouvert leur père après être devenus de jeunes adultes. Ils auraient alors été en mesure de se défendre.

Tout ce que j'ai pu faire c'est fuir, mais pas assez loin, pas assez vite.

« Oui, toi tu t'en es tirée et maintenant nous, on est obligés de subir, c'est pas juste », disait Jean. Pauline ne disait pas grand-chose, elle s'inquiétait pour son père : « Maman, tu sais, papa il est tout seul, il est très triste alors on doit être gentils avec lui, même quand il crie... » ; « Moi je veux plus y aller, il me fait peur », disait Dina. Elle pleurnichait souvent et son père, moins à l'aise avec elle, me la laissait plus volontiers.

Comment les protéger sans tomber sous le coup d'une correctionnelle qu'il se hâtait d'enclencher ? Non-présentation d'enfants est un terme qu'ils ont entendu maintes fois.

« Si vous ne venez pas le week-end, je la jetterai en prison... De toute façon, votre mère ne gagne pas assez d'argent, elle ne pourra pas payer le loyer, vous allez vous retrouver à la rue... »

Il les terrorisait. Je ne posais plus de questions à leur retour le dimanche, je sentais qu'ils étaient mal à l'aise, le moindre « tout s'est bien passé ? » leur paraissait inquisiteur. Je me disais, qu'il avait vécu près de dix ans avec eux, qu'il savait tout de même s'en occuper, qu'il serait peut-être plus à l'aise sans moi, qu'il aurait à cœur de s'en faire aimer.

Mais tout comme notre bonheur lui importait peu quand nous étions ensemble, le bonheur des enfants, leur plaisir à venir le voir, n'entrait pas en compte. Les enfants devaient venir parce qu'« il y avait droit », un point c'est tout. Jamais il n'a essayé de leur rendre la vie agréable. Il ne devait pas avoir d'efforts à faire : il était leur père, le reste coulait de source. Et encore une fois, s'ils étaient malheureux avec lui, c'est parce que j'étais partie, donc la faute m'en revenait. « Je ne suis pour rien dans cette situation, je ne voulais pas divorcer. Si vous en pâtissez, ce n'est pas de ma faute, ce serait tout de même un monde qu'en plus je sois obligé de faire des efforts ! Elle en fait votre mère des efforts ? Hein ? » Ce leitmotiv mettait un terme à toute discussion.

D'ailleurs, les enfants, du moins les deux grands, se tenaient silencieux, attentifs à ne pas provoquer leur père. Quand, des années plus tard, je leur demandai pourquoi ils ne m'avaient jamais rien dit, ils répondirent : « Tu n'y pouvais rien, alors ça ne servait à rien d'en parler. Même la psy, quand elle nous demandait si tout allait bien, on disait oui parce que pour nous, c'était la situation normale chez papa c'est tout... »

Une seule juge avait demandé une expertise médico-psychiatrique de toute la famille. Un grand moment !

La psychologue me reçut d'abord avec les enfants, qui s'exprimèrent assez librement. Jean expliqua que son père était gentil mais souvent énervé et qu'il ne voulait pas vivre tout le temps avec lui. Pauline, comme d'habitude, défendait son père qui était tout seul et bien triste. Dina parla essentiellement du chat et de ses billes qu'elle renversa partout.

Puis, elle vit les enfants avec leur père. Ils restèrent debout, au garde-à-vous, et ne prononcèrent pas une parole, sauf pour acquiescer. Même moi je trouvais cette attitude normale, je savais que les enfants avaient compris qu'il fallait « être sage avec papa ».

Elle souhaita alors nous voir tous les deux. J'avais peur qu'il me suive ensuite dans l'escalier mais la psy m'assura qu'elle le retiendrait.

« Mais enfin, monsieur, vous vous rendez bien compte que ce n'est pas bon pour vos enfants la façon dont vous réagissez ? lui demanda-t-elle.

— Mais c'est de sa faute à elle ! hurla-t-il, en me pointant du doigt, si elle n'était pas partie je n'agirais pas ainsi, tout est de sa faute !... »

Il n'y avait plus rien à ajouter. La psychologue était aussi effrayée que moi par le comportement de mon mari. Il légitimait tout ce qu'il faisait en m'incriminant. J'étais partie, j'avais osé le laisser, l'abandonner, donc sa vengeance était justifiée.

Il me l'avoua un jour :

« Moi les enfants, sans toi, ça ne m'intéresse pas... »

Et il savait bien comment m'atteindre en s'attaquant à eux.

Chapitre 10

La psychologue mit un an à rendre son verdict. À savoir que lui ne s'en sortait pas avec les trois enfants en même temps et qu'elle préconisait que Jean aille un week-end seul, puis les deux filles ensemble, le suivant. Solution que nous avions déjà essayée, depuis le temps, quand elle nous la proposa.

Mais Jean n'aimait pas aller seul chez son père et les filles ne l'intéressaient pas assez pour qu'il les prenne sans leur frère.

Rapidement, il s'arrangea pour nous empoisonner l'existence.

Un samedi ou il devait les prendre à la sortie de l'école, une voisine vint me dire vers treize heures : « Mais vos enfants sont toujours à l'école ? Ils ne rentrent pas ? » Je fonçai. Ils attendaient tous les trois, sous la pluie. Ils n'avaient pas osé partir. Je les ramenai à la maison, je laissai deux messages chez leur père.

Le lundi matin j'avais une convocation à la gendarmerie : non-présentation d'enfants. Il avait des témoins qui certifiaient qu'il était à l'école et que les enfants n'y étaient pas. Ma voisine attesta avoir vu les enfants attendre. Mais j'eus droit à un sermon et encore une menace de correctionnelle.

« Mais enfin, madame, vous voulez me faire croire que vos enfants auraient attendu deux heures sous la pluie sans rentrer chez vous ? » me lança le policier.

Qui, en effet, aurait pu le croire ? Les enfants craignaient leur père et si ce dernier leur avait enjoint d'attendre, ils auraient pu attendre tout le jour, sans broncher. Mais c'était tellement difficile à expliquer. Il était si spécial et machiavélique parfois que je baissais les bras, je renonçais à essayer de faire comprendre qui il était. Je savais ce qu'on allait me répondre. Et les enfants aussi. C'est pour cette raison qu'ils ne parlaient pas. Ils avaient compris que c'était inutile.

Alors que je répugnais auparavant à user de ces méthodes, j'appris à vivre en m'entourant de précautions, de témoins, d'amis prêts à me défendre.

Un jour, une assistante sociale fut désignée pour aller voir comment les choses se passaient avec leur père.

Bien plus tard, Pauline devait me raconter :

« Mais tu sais, la dame, papa savait quand elle allait venir. Il nous faisait des frites, et puis elle nous posait des questions devant papa, alors nous, on avait peur, on disait qu'on était contents... »

« C'est une dame pour surveiller papa, avait demandé Jean, parce que moi je lui ai dit que ce serait bien qu'elle reste plus longtemps, mais elle a juste marqué des choses dans un petit carnet... »

Les professionnels de l'enfance, si compétents soient-ils, ont du mal à déceler la perversité, le double jeu. Et puis il y avait ce reproche permanent de la mauvaise mère, ce sous-entendu qui faisait de moi une mère abusive, qui monte les enfants contre le père, ce pauvre homme dépossédé de tout… Les juges, les assistantes sociales, les psys, me tançaient : « Enfin il faut tout de même lui laisser une relation avec ses enfants, il est sans doute un mauvais mari, mais il est peut-être aussi un bon père… » Je baissais la tête, je me sentais coupable et honteuse et j'acquiesçais : « Oui, c'est sûr. »

Il m'a fallu tellement de temps pour réagir, pour récupérer un peu d'estime de moi-même. Je me sentais coupable d'infliger cette séparation à mes enfants, même si je savais que j'avais raison. Les enfants, tous les professionnels de l'enfance s'accordent sur ce point, détestent les conflits et se trouvent toujours mieux avec des parents séparés qu'avec un couple qui se hurle dessus. Cessons de mettre la pression sur les couples en leur faisant croire que durer est synonyme de prouver, aux yeux de tous, qu'une relation est réussie. Bien sûr, les enfants souffrent toujours de la séparation de leurs parents. Mais nous ne pouvons pas tout épargner à nos enfants, même si c'est notre souhait. Leurs parents peuvent mourir, se quitter, déménager et chaque étape peut plus ou moins faire souffrir les enfants. Notre responsabilité de parents n'est pas de leur éviter coûte que coûte ces traumatismes, c'est de les accompagner pour leur apprendre à les surmonter. Je me sentais d'ailleurs encore plus coupable d'avoir attendu si longtemps avant de partir…

Ce père que je leur avais donné n'était pas le bon et je porterai longtemps en moi ce sentiment absurde d'échec.

La première fois qu'ils partirent en vacances, il les déposa chez sa mère qui avait près de 80 ans. Au bout de huit jours elle m'appela, affolée :

« Ma petite, venez les chercher, moi je ne m'en sors pas, il est parti… »

J'accourus en Normandie et embarquai mes enfants, heureux de ce dénouement.

Trois jours plus tard, mon avocat me téléphonait :

« Mais pourquoi avez-vous fait ça ? » Votre ex a porté plainte pour enlèvement d'enfants en son absence au domicile de sa mère…

Comme je lui expliquai la situation, il me fit jurer de ne plus jamais aller les chercher, tant pis, c'était trop risqué. Combien de fois avais-je le cœur tordu en entendant mon fils me chuchoter au téléphone :

« Viens, maman, viens nous chercher…

— Je ne peux pas, tu sais bien que je n'ai pas le droit… »

Petit à petit, mon fils perdit tout à fait confiance en la justice, dans les adultes, qui ne le protégeaient pas.

Je ne voulais pas dire du mal de leur père. Quand les enfants me rapportaient telle ou telle de ses attitudes, tels faits et gestes, je restais silencieuse. Ce faisant, je donnais sans doute l'impression de cautionner. J'aurais dû condamner sévèrement les actes de leur père quand ils me racontaient qu'il avait crié après sa mère ou cassé des objets. Je comprends seulement aujourd'hui que j'aurais dû dire clairement à mes enfants que le comportement de leur père n'était pas le bon, que cela ne remettait pas en question l'amour qu'ils lui portaient.

Mon fils me demanda un jour :

« Mais qui a raison, toi ou papa ? Parce que papa dit que c'est de ta faute et que tu as tout gâché, et toi tu dis que papa est trop en colère et que tu ne peux plus vivre avec lui…

Je tergiversai :

— Tu sais, chacun a sa vérité, c'est comme dans les disputes avec tes copains, chacun pense qu'il a raison…

Mais Jean, avec sa logique d'enfant, insista :

— Oui, mais moi, je veux savoir qui a commencé ! »

Les week-ends chez son père devaient lui fournir une partie des réponses.

J'avais moi-même du mal à récupérer de ces dix ans de vie commune avec mon mari. Pendant des années, j'avais pris le même chemin pour rentrer chez moi et il m'a fallu du temps avant de ne plus me tromper de métro. Parfois, je me retrouvais sur le quai et, par habitude, je reprenais l'ancienne direction. La nuit je rêvais que je retournais là-bas, j'entendais le tintement des clés dans la coupe en cristal de l'entrée, le grincement du placard.

Je m'éveillais en sursaut, persuadée de le sentir au bord du lit, de sentir sa respiration sifflante, quand la colère montait en lui comme un océan de rage. Ses paroles hachées résonnaient à mes tympans, j'allumais la lumière, pour reprendre pied dans la réalité, dans mon lit, seule, dans la chambre dépouillée de meubles.

Quand je rentrais du boulot, je me sentais tellement oppressée que je m'asseyais quelques minutes et essayais de me calmer. J'avais tellement vécu dans le stress, j'avais tellement eu peur de rentrer chez moi que je devais faire un effort, me convaincre que je ne risquais rien avant d'ouvrir ma porte et de retrouver les enfants.

De la même façon, quand la soirée s'avançait, je sentais une angoisse monter. Je me disais : « Vite, vite, le bain, le dîner » ; et soudain je m'arrêtais : « Mais calme-toi, il ne va pas rentrer ici, tu es chez toi, il n'y a plus de danger… »

Quelle joie de laisser traîner les affaires dans l'entrée, de discuter avec les enfants tranquillement sans se soucier d'un horaire strict, de préparer des pâtes et de les manger assise avec eux, en riant. Quiétude d'une soirée où je pouvais border les enfants et m'asseoir près de leur lit, écouter leurs petites histoires, prendre un bain, lire au lit. Des choses simples qui n'avaient jamais fait partie de ma vie.

Petit à petit je retrouvai un peu de calme. Il se lassa de venir m'attendre à la sortie du travail, il stoppa les coups de fil la nuit, et arrêta les courriers de menace.

Il payait la pension un mois sur deux et nos contacts se réduisirent au strict minimum. J'étais tellement soulagée de le sentir s'éloigner de moi que je refusais de me battre pour récupérer l'argent qu'il devait aux enfants. Il donnait quand il voulait. Comme il vit rapidement que je n'entamais aucune procédure, l'arme financière finit par perdre de sa valeur et il se remit à payer, après avoir fait ramener la somme au minimum.

Certains ne comprenaient pas, me disaient « Mais enfin bats-toi pour les enfants, tu ne peux pas vivoter et t'échiner au travail alors qu'il devrait t'aider, les enfants sont aussi les siens… » Mais je préférais ne pas envenimer les choses, ne pas relancer la machine judiciaire. Lâcheté sans doute, mais je n'avais plus assez d'énergie pour mener ce combat.

Je poursuivais mon deuxième travail, la nuit, et ainsi j'arrivais à joindre péniblement les deux bouts. Mais ces difficultés financières m'ont véritablement usée. Encore maintenant, j'appréhende les fins de mois, je refais mes comptes, je mets de l'argent de côté. J'ai toujours du mal à dépenser pour moi, comme si je n'y avais pas droit, comme si ce que je pouvais acheter pour mon seul plaisir était décompté de celui de mes enfants. J'aime faire les boutiques, mais avec mes filles, et je répugne à m'offrir le superflu. Signe d'un temps ou payer la cantine relevait du tour de force. Les enfants en ont souffert, ils voyaient bien que je me débattais avec les factures, la banque…

La deuxième année, les enfants ne voulaient pas partir un mois avec leur père. Il accepta de ne prendre les filles que quinze jours mais refusa pour Jean. Il avait prévu de l'emmener, seul, en camping. En revanche, il refusait de venir le chercher et voulait lui faire prendre le train, tout seul. Mon avocat proposa à Jean d'être entendu par le juge pour expliquer qu'il voulait bien aller avec son père mais pas tout un mois.

Cette fois-ci, nous n'avons pas eu de chance. La juge nous annonça d'emblée qu'elle partait en vacances et avait un train à prendre.

« Mettez-vous d'accord avec vos avocats, moi de toute façon, je ne veux pas entendre cet enfant, il a 11 ans, c'est trop jeune…

— Mais, madame la juge, ai-je tenté d'expliquer, il est tout de même très traumatisé, il a beaucoup d'appréhension d'aller seul avec son père…

Elle me toisa et répliqua :

— Enfin quoi, il ne l'a pas tué encore non ? Vous exagérez… »

Jean se roula par terre dans la salle, en criant qu'il n'irait pas avec son père.

Nos avocats décidèrent que Jean rejoindrait son père pour quinze jours et que ce dernier me le ramènerait le 16 août.

« Mais si papa ne me rend pas ? » s'inquiétait-il.

— Je viendrai te chercher, je te le promets, où que tu sois, je viendrai…

— Pourquoi elle n'a pas voulu m'écouter la juge ? Moi je lui aurais expliqué ce que fait papa quand il est en colère… »

Mon père emmena Jean à Toulouse et le mit dans le train pour Tarbes avec une carte de téléphone et mille recommandations.

Il ne téléphona pas pour prévenir de son arrivée, son père lui avait confisqué sa carte. J'étais malade d'inquiétude. Finalement, ma belle-mère appela en cachette, pour dire que tout allait bien.

Et le 16 août, personne.

Je me doutais qu'il était dans notre maison, en Vendée : les voisins et ma belle-sœur avaient vu sa voiture. Mais pas le petit que son père cachait en lui interdisant de sortir et de se montrer. Pendant deux jours, cet enfant a vécu enfermé, de crainte qu'on ne le repère. Pas de plage, pas de jardin, rien.

Ma belle-sœur l'aperçut un matin, assis tout seul sur les marches du perron.

« Ça va ? s'inquiéta-t-elle.

— Oui…

Il chuchotait, craintif.

— Tu veux que j'appelle maman ? » demanda-t-elle à mi-voix elle aussi.

Jean tourna la tête et acquiesça. Puis son père l'appela et il détala.

Dès que ma belle-sœur m'annonça : « Il est là, je l'ai vu », je n'hésitai pas une seconde. Je lui avais promis que je ne le laisserai pas tomber, je devais y aller.

Mon frère J.-P. m'a accompagnée. Nous sommes partis très tôt le matin. Vers onze heures, nous étions là-bas. La voiture était garée dans le jardin, à l'abri des regards. J'ignorais encore comment j'allais m'y prendre.

Ma voisine me salua d'un signe : « Ils sont là », me dit-elle avant de rentrer chez elle.

Alors, j'ai ouvert le portillon et je suis descendue. Ils étaient autour de la table, tirée dans le renfoncement près de la cuisine.

Plus tard, Jean devait me dire : « Quand je t'ai vu arriver maman, sur la terrasse, c'était comme une apparition ! »

Son père était interloqué. « Je viens chercher Jean » ai-je simplement annoncé avant de prendre mon fils par la main. Le temps qu'il se lève et se jette sur moi, nous étions partis en courant à la voiture, et mon frère s'était interposé.

Nous avons redémarré dans la foulée. J'étais soulagée d'avoir tenu parole. Je voulais que Jean sache que je ne le laisserai pas tomber. Sur le chemin du retour, Jean tremblait dès qu'une voiture de gendarmerie apparaissait. Mon frère finit par le rassurer : « Écoute Jean, nous n'avons rien fait de mal. Ton père aurait dû te ramener depuis deux jours, c'est lui qui a mal agi en te cachant comme ça ! »

Son père était dans son tort, il n'a rien pu faire. Il a eu beau déposer une main courante, hurler par avocat interposé, il savait qu'il aurait dû remettre son fils dans un train. Il était furieux car au fond, il ne me croyait pas capable d'aller contre sa volonté. Je ne m'en serais pas crue capable moi-même, mais, quelques mois hors de ses griffes m'avaient rendu une énergie que je croyais disparue à jamais. Cela dit, là encore, la justice, pourtant prompte à m'accuser de non-présentation d'enfants, n'a rien intenté contre lui qui n'avait pas rendu notre fils dans les temps, malgré la main courante que j'avais transmise à mon avocat.

Je me sentais plus forte. Je savais que j'avais marqué un point. Lui n'en revenait pas que j'avais osé m'interposer entre lui et Jean, que je n'avais pas cédé. Un pas était franchi et s'il les prenait toujours au gré de son humeur, du moins par la suite me les rendait-il toujours dans les temps. Là encore, la loi est tout de même étrange, puisque mon avocat m'avait expliqué : « Écoutez, il a le droit de les prendre selon les termes du jugement mais ce n'est pas une obligation, s'il ne les prend pas il n'y a rien à dire… »

Bien sûr, quand, au final, il finissait par ne pas venir les chercher, nous étions soulagés et le week-end s'annonçait bien. Mais restaient la tension due à l'attente et le sentiment pénible d'être encore et toujours à sa merci.

La loi est ainsi faite, qui finalement donne beaucoup de droits aux pères et comme seule obligation, celle de verser régulièrement la pension.

Chapitre 11

Je pensais peu à peu avoir moins peur de lui. En vérité, je me contentais de le tenir à distance. Je ne me laissais plus faire parce que, entre deux combats, je pouvais relever la tête hors de l'eau, hors de lui, de son emprise, je prenais une respiration, de force, de liberté, et je pouvais à nouveau agir.

Mais dès que je le voyais, que j'entendais sa voix, les vieux démons se réveillaient. Je sentais mes membres se tétaniser ; je sentais mon cerveau s'engourdir, se murer derrière une peur irraisonnée. Je redevenais un bloc de pierre, une boule d'angoisse, et mes réactions m'échappaient alors comme des bulles de savon que je voyais s'envoler à l'infini. J'assistais, impuissante, à mon asphyxie, à ma mise à mort. Comme si j'étais devenue spectatrice de ma vie.

Le plus dur, ce n'est pas de partir, de vivre dans des conditions difficiles, d'élever seule des enfants. Non, le plus dur, c'est d'oublier les craintes, les angoisses, comme des vieux masques inutiles. Au moindre choc, ils surgissent comme des fantômes et paralysent la réalité.

Il faut chaque jour se répéter qu'on est une personne de valeur, qu'on a droit au respect, que des gens peuvent nous aimer, qu'on va réussir, qu'on a le droit de s'exprimer. Devenir une personne à part entière, non plus un être en perdition uniquement préoccupé de sa survie, de la minute qui vient.

Peu après la séparation, j'avais discuté avec un ami et lui avais confié ma crainte de ne pas m'en sortir. Il sourit et dit : « Mais ça y est, tu en es sortie… Il te reste maintenant à suivre ton chemin sans te retourner… »

Encore aujourd'hui, je crains les conflits, les voix qui s'élèvent, les gestes brutaux. J'ai du mal à imposer mon point de vue avec des proches, parce que j'ai peur de la colère qui pourrait tout dévaster. J'ai moins de mal dans mon milieu professionnel parce que d'une part, j'ai moins à perdre au niveau relationnel et d'autre part mes compétences ont été moins bafouées. Mon mari avait beau critiquer mon travail, je savais que j'avais des résultats, que j'étais appréciée.

Je crois que les femmes qui ne travaillent pas sont plus vulnérables encore quand elles sont sous emprise. Non seulement parce qu'elles ont une dépendance financière difficile à surmonter, mais aussi parce qu'elles n'ont rien, aucun réseau auquel se raccrocher pour s'épanouir, laisser ouverte une porte sur un moi qui aurait de la valeur. Elles sont niées en bloc et finissent par perdre toute confiance. Un travail, c'est une bouée de sauvetage, et pas seulement financière. Je crois que les mères doivent vraiment ancrer cette idée dans la tête de leurs filles.

Des années après, j'ai eu un chef un peu colérique et nous étions souvent en désaccord. Un jour, il s'approcha de moi en hurlant et, instinctivement, je levai le coude pour me protéger. Un réflexe qui le laissa sans voix. Il cessa de me crier dessus et quitta la pièce. J'avais honte de mon attitude, je me sentais trahie par mon corps, vulnérable et en même temps tellement ridicule ! Comme si mon chef allait me frapper !... Force de l'habitude et de la peur ancrée au plus profond de mon esprit.

Je suis fière d'avoir eu le courage de partir, malgré le regard des autres, l'incompréhension. Les gens comme lui sont très malins et l'opinion publique est toujours à leur avantage. Ce sont des personnalités versatiles mais intelligentes, qui savent montrer une partie d'eux-mêmes conforme à celle que l'on attend. Mais je crois que si j'avais été plus âgée, je n'aurais pas eu la force nécessaire. Quelques années de plus et je me serais résignée à vivre une vie sans joie, une vie dans la terreur permanente. J'aurais été brisée alors que je n'étais encore que secouée, désemparée.

J'avais encore des forces parce que j'avais cet amour de mes enfants, j'avais de l'espoir et je ne voulais pas de cette vie-là pour eux. Aujourd'hui, je sais que j'ai fait des erreurs, que parfois j'ai agi stupidement, mais jamais, jamais je ne me suis dit qu'il aurait mieux valu que je reste avec leur père. Et ils ne me l'ont jamais dit non plus.

Je n'ai sans doute pas vraiment aimé cet homme. J'étais sécurisée par lui, il me proposait un modèle de vie dont j'avais le mode d'emploi, je l'admirais. Mais il n'y a jamais eu de tendresse, de complicité entre nous. Juste un rapport de force.

Douze ans auront été nécessaires pour rompre la corde qui me tenait enchaînée. C'est beaucoup. C'est trop. Mais le pire aurait été de rester dans l'erreur, pas d'en commettre. Je suis restée longtemps dans l'erreur mais j'ai fini par le comprendre et je crois l'avoir réalisé à temps.

Mais les enfants ont subi durant cinq ans ces week-ends en « garde à vue » comme disait Jean. Et moi, j'ai essayé de revivre, de me reconstruire, ce qui a pris un certain temps. Près de vingt ans.

D'abord parce que, si l'on quitte son conjoint, il est inutile d'espérer de la compassion. Si j'étais partie, c'était ma décision, et aux yeux de beaucoup, il était difficilement compréhensible que j'en sois malheureuse. Or, malheureuse, je l'étais. D'une part, car les conditions matérielles dans lesquelles je me trouvais (seule avec trois enfants et un salaire de fonctionnaire) étaient difficiles. Mais d'autre part, parce que je devais faire le deuil de mon mariage, de ma vie, celle que j'avais cautionnée durant plus de dix ans.

Rapidement, je cessai d'expliquer, de me justifier. Je laissais les gens imaginer ce qui les arrangeait. Que c'est lui qui était parti, que nous étions d'accord. Mon ex-mari, en revanche, a fait le siège de mes amis pendant deux ans, en leur racontant des inepties sur mon compte. Que j'étais folle, fragile, qu'il fallait m'enfermer, me retirer les enfants, que je lui avais volé de l'argent, des biens… Il me suivait en proférant des menaces. Je me cachais. Je ne sortais jamais à la même heure. Je prenais des chemins différents. C'était épuisant parce que j'étais, là encore, sous tension.

Une amie m'avait prêté sa voiture, un week-end, pour emmener les enfants à un spectacle. Ils étaient ravis. En ont-ils parlé à leur père ? Je ne voulais pas leur dire : « Ne dites pas ceci, ne dites pas cela » ; je trouvais cela perturbant. Toujours est-il que le dimanche matin, les quatre pneus étaient crevés… Il ricanait sur le trottoir d'en face. C'était sa façon à lui de démontrer qu'il avait encore le pouvoir de me nuire.

Quelques mois plus tard, je rencontrai par hasard une amie commune. Elle me demanda gentiment : « Comment vas-tu ? J'ai appris tes soucis… » Croyant qu'elle parlait du divorce, je la remerciai et engageai la conversation sur ce terrain. Soudain elle m'interrompit, gênée : « Non mais toi ? Ça va ? Tu revois les enfants maintenant ? » J'étais interloquée. Mon ex-mari avait raconté à nos amis qu'il avait dû me faire interner pour troubles dépressifs et qu'il s'occupait seul des enfants… Je ne savais que dire pour rétablir la vérité, je ne suis d'ailleurs pas certaine qu'elle m'ait crue.

Et puis surtout, mes difficultés matérielles obscurcissaient mon horizon, me tenaient éveillée la nuit et absorbaient toute mon énergie. Lorsqu'il s'arrangea pour payer la pension un mois sur deux, ce qui le dispensait de poursuites, les enfants rentraient de chez leur père en disant : « Tu sais maman, papa il n'a pas d'argent, tu lui prends tout, alors il ne peut pas nous acheter à manger quand on vient, et toi tu as plein de choses dans le frigo ! »

J'étais ulcérée mais que leur dire ? Ils ont fini par comprendre, en grandissant.

Quand je travaillais de nuit, de vingt-trois heures à sept heures du matin, je prévenais Jean et lui donnais mon numéro. Je partais quand ils étaient endormis. Ma voisine du dessus descendait jeter un œil. Là encore j'ai eu de la chance d'habiter une cité où vivaient de nombreux fonctionnaires, comme moi, mais aussi un certain nombre de familles monoparentales, des mamans seules qui formaient un réseau solide. Combien de fois mes enfants sont allés dormir chez une voisine tandis que j'emmenais les siens, en échange, en vacances l'été ?

Je rentrais avant qu'ils ne se lèvent, pour les préparer et repartir avec eux au travail. Heureusement, j'étais jeune et en bonne santé pour assurer deux emplois…

J'ai longtemps cru que son problème était de me donner de l'argent à moi. Quand Jean eut 20 ans, il lui proposa de lui verser la pension directement. J'acceptai, croyant alors que ce serait mieux, plus simple. Mais mon fils ne faisant pas d'études supérieures, il arrêta de la lui verser deux mois plus tard, arguant que les études seules justifiaient une aide[1]. Il se contenta de lui donner un peu d'argent de temps en temps, mais c'était toujours un souci, une réclamation, et Jean n'osait pas m'en parler.

Son histoire servit de leçon à ses sœurs. Quand il réitéra l'idée, à la majorité des filles, elles refusèrent : « Tu comprends maman, toi il est obligé de te la verser, et nous, on ne veut pas passer notre temps à lui réclamer quoi que ce soit... »

Je ne voulais pas non plus qu'elles aient à poursuivre leur père en justice.

Ces années à Paris ont été épuisantes. Nous n'habitions pas dans le même quartier mais il ramenait les enfants le dimanche soir à pied, près de quatre kilomètres à vingt heures, pour économiser les tickets de métro. J'avais compris qu'il ne fallait pas entamer une polémique.

Ne rien dire, feindre l'indifférence quand il coupait les chaussettes des enfants (parce qu'elles étaient usées et que je serais obligée d'en racheter), quand il leur interdisait de me téléphoner pour les devoirs, quand il « oubliait » de rapporter un cartable, source d'angoisse pour eux le lundi matin.

---

1. À l'époque, la loi stipulait que la pension était due « jusqu'à la fin des études régulièrement suivies », alors qu'aujourd'hui, elle est versée jusqu'à « l'indépendance financière ».

J'ai joué le même jeu que lui. Je disais aux enfants : « Ah je suis contente que vous passiez quinze jours chez papa à la Toussaint ! Je vais partir en voyage pendant ce temps... » (Évidemment, je n'avais pas le temps ni l'argent pour ça.)

Jean comprenait aussitôt le message et s'empressait de le répéter à son père. J'étais alors sûre qu'il ne les prendrait pas en vacances, ou juste quelques jours. Les filles avaient aussi compris le mode d'emploi. Le soir, tous les trois chez leur père, ils disaient à la petite Dina : « Tu es triste ? Tu veux voir maman ? » Évidemment, Dina fondait en larmes et braillait « maman »...

Leur père n'était pas très à l'aise avec elle. Il la connaissait moins, puisqu'il était parti au loin peu après sa naissance et qu'elle avait à peine 4 ans lors de notre séparation. Au bout d'un moment, Jean disait gravement : « Tu sais papa, je crois qu'elle est malade... »

Excédé, leur père finissait par m'appeler et je venais les chercher... Malades, les enfants savaient qu'ils avaient de grandes chances de ne pas aller chez leur père. Eux aussi ont appris comment lui échapper en utilisant ses phobies.

Finalement, les enfants se sont stabilisés dans cette nouvelle vie. Ils avaient des copains, un environnement calme et leur père finit par espacer les visites à l'improviste, les coups de fil culpabilisants, et il les prenait moins le week-end.

Bientôt, je ne me trompai plus de ligne de métro pour rentrer chez moi, je cherchais moins mes affaires, celles que j'avais laissées chez lui. Parfois, encore aujourd'hui, je me dis en voyant un bibelot, un service à café dans un magasin : « Tiens, mais j'avais ceci ou cela, où est-ce donc ? » Avant de m'apercevoir que ces objets étaient à moi dans une autre vie.

Je n'avais rien récupéré car, au moment du partage, à la date et à l'heure fixées par le juge, nous sommes allés, mon frère et quelques amis, sonner à l'appartement. Il n'a jamais ouvert mais a indiqué à travers la porte que mes affaires étaient dans la cave.

Il avait jeté en vrac mes habits, quelques jouets des enfants. C'était tout. Que faire ? Appeler un huissier ? Cela m'aurait coûté cher et je n'étais même pas certaine du résultat.

Si au début ces affaires me manquaient, j'ai oublié aujourd'hui jusqu'à leur existence. Je ne saurais plus dire ce qu'il reste dans cet appartement.

Nous vivions avec peu de chose, je me suis meublée de bric et de broc avec l'aide de mes parents, et j'ai été heureuse.

Un jour, pour son anniversaire, Pauline invita ses amies de classe et sa maîtresse de CE2 qu'elle adorait. Dans mon salon, j'avais un lit jonché de coussins de toutes les couleurs, une table faite d'une planche et deux tréteaux et une étagère Ikea avec une télé posée à terre. L'institutrice s'écria : « Comme c'est sympa ! Vous avez poussé tous les meubles dans une autre pièce pour sa fête d'anniversaire ? »

Je n'osais pas dire que c'était tout ce que j'avais...

Mais les enfants ne regrettaient rien. Ils aimaient cet appartement dans lequel ils se sentaient chez eux, sereins.

Une nouvelle vie avait commencé.

J'eus une promotion dans mon travail. Les enfants, en grandissant, étaient plus autonomes. Avec l'aide de tous, je m'organisai.

Et j'ai rencontré quelqu'un qui éclaira ma vie. Je compris, avec cette nouvelle relation, que je n'avais jamais su ce que c'était vraiment qu'être aimée. Sans critique, sans jugement, sans reproche. Juste pour ce que j'étais.

Chapitre 12

Je n'étais pas encore capable de faire vraiment confiance, de me laisser aller. Je ne voulais compter que sur moi-même, tellement j'avais peur d'être à nouveau à la merci d'un tyran. Je m'apercevais que je voyais tous les hommes comme des dangers potentiels et je sentais bien ce qu'il y avait de troublant parfois dans mon attitude. Mais je ne pouvais pas m'en empêcher. Les hommes que je rencontrais étaient rarement libres, cela me convenait, je ne me sentais pas capable de recommencer une vie de couple.

Et puis un jour, j'ai senti que je pouvais à nouveau faire confiance à quelqu'un. Confiance toute relative d'ailleurs, car pendant tout un temps, je ne voulais rien lâcher, je voulais assumer absolument toute ma vie. Ne pas dépendre de quelqu'un, même si je l'aimais.

Quand nous avons décidé de quitter Paris, j'ai gardé mon logement pendant trois ans, au cas où… Je craignais d'être obligée de revenir à la hâte avec les enfants et il me fallait cette sécurité, cette solution de repli. Prendre la décision, demander une mutation pour Toulouse, embarquer les enfants encore une fois dans une autre vie a été un véritable tournant.

Je n'avais plus confiance en moi, j'avais peur de me tromper encore et je craignais plus que tout d'entraîner les enfants dans une aventure compliquée. En même temps, je me disais que ça ne pouvait pas être pire que ce que j'avais connu…

Quelque part, l'épreuve du divorce m'avait rendue plus forte. Je m'en étais sortie et je me sentais renforcée dans l'idée que je pouvais faire face à toutes les situations à partir du moment où je lui avais échappé à LUI. Alors, pourquoi ne pas tenter d'être heureuse ?

Je savais que mon ex-mari allait mal le prendre et qu'il me ferait les pires difficultés. Je savais aussi qu'instaurer une distance géographique ne pouvait être que bénéfique. Je sentais confusément que la distance morale était bien là entre nous, mais que ces kilomètres marqueraient un point final et décisif.

Après lui avoir envoyé une lettre (recommandée bien sûr), nous sommes partis vivre à Toulouse. J'étais angoissée, je n'étais sûre de rien, mais je savais que ce serait mieux.

Et puis le temps jouait également en ma faveur. Mon fils avait 15 ans, on ne pouvait plus le jeter comme un paquet à l'arrière d'une voiture et l'obliger à aller en week-end chez son père. Peu à peu, il sortait de l'emprise physique car il grandissait.

Un samedi soir, une des dernières fois où il devait aller seul chez son père avant notre départ, je trouvai Jean tranquillement en train de regarder la télé alors que je revenais des courses. Il n'avait pas l'air soucieux ni énervé, il m'a juste dit qu'il était rentré. Croyant à une lubie de dernière minute de leur père, je ne m'en inquiétai pas outre mesure. C'est en écoutant mon répondeur, une heure plus tard, que je pris connaissance des appels de son père. Furieux, inquiet, il disait ignorer où était passé son fils.

« Mais enfin Jean, que s'est-il passé exactement avec papa ?

Mon fils haussa les épaules :

— Bof, rien, enfin comme d'hab', il s'est mis à crier pour rien et il m'a collé à la porte sur le palier... Alors je suis rentré à la maison... »

Je décrochai le téléphone pour rassurer son père qui évidemment était aux cent coups : « Mais enfin, il a 15 ans ! Qu'est-ce que tu imagines ? Le temps où il pleurait derrière la porte est révolu ! Il sait prendre le métro et rentrer ! »

Ce fut la dernière fois qu'il se laissa aller à ce genre de comportement avec son fils.

Jean commençait également à s'interposer physiquement entre son père et ses sœurs et les brimades corporelles devaient s'estomper, mais pas les vexations ni les humiliations...

Les filles me raconteraient plus tard qu'elles passaient souvent leurs soirées sur le palier, en pyjama, punies. Vers minuit, il n'était pas rare que Sylvie, la voisine, les fasse rentrer chez elle, ou sonne chez leur père qui les avait oubliées, ou dormait devant la télé.

Il était temps de nous éloigner.

Nous sommes arrivés à Toulouse en juillet et l'été s'écoula sans nouvelles de leur père.

En septembre, je reçus une convocation de la gendarmerie. Non-présentation d'enfants. Il prétendait ne pas savoir où ils étaient. Mon avocat transmit au sien la copie de ma lettre recommandée sur laquelle figurait notre adresse. Et rappela qu'il devait envoyer les billets de train pour l'aller (je payais le retour) s'il voulait prendre les enfants.

Ce fut la dernière fois qu'il saisit la justice à mon encontre. Petit à petit, l'étau se desserrait, comme un nuage qui aurait été constamment au-dessus de ma vie et qui finissait par se dissiper.

Je devais ce répit à son remariage.

Sa deuxième épouse étant de Narbonne, il passait de temps à autre par Toulouse et voyait les enfants dix minutes sur le parking. Pourtant, parfois, ils rechignaient à descendre lui dire bonjour. Mon compagnon essaya une fois de convaincre Jean :

« Allons, ce sera sympa, ton père va vous emmener vous balader, vous irez boire un pot…

Jean, connaissant son père, était dubitatif. Il finit par y aller, entraînant ses sœurs, et revint une heure plus tard :

— Alors ? lui demanda mon ami.

Jean haussa les épaules :

— Bof, on est restés à la voiture, papa avait mal au dos, il nous a montré ses radios…

Et il partit jouer avec ses copains. Mon ami était atterré et il eut cette phrase :

— Tu vois, je n'ai jamais mis ta parole en doute, mais des choses pareilles, si je n'avais pas entendu ton fils en parler, j'aurais du mal à le croire… Son père vient les voir dix minutes et tout ce qu'il trouve à faire c'est à se plaindre… »

Durant trois ans environ, nous avons eu la paix. Les enfants passèrent même quelques vacances à Narbonne avec leur belle-mère, qui était très gentille avec eux. J'étais soulagée de savoir que quelqu'un avait réussi à apprivoiser mon ex-mari. Les vacances, les moments que les enfants passaient avec eux semblaient calmes et ils avaient l'air contents. Elle les emmenait à la plage, manger des glaces, et puis, leur père ayant une nouvelle vie, il les prit moins souvent, ce qui les soulagea.

Ce sont d'ailleurs pratiquement les seuls moments où leur père les a pris sans drame. Il voulait sans doute faire bonne impression auprès de sa belle famille.

J'appris à respirer, j'appris à distancer, j'appris à oublier. Les enfants, en grandissant, géraient leur relation ou leur absence de relation avec leur père.

Ma vie s'éclairait à nouveau et commençait à s'organiser dans le Sud-Ouest. J'avais changé de boulot et mon travail me passionnait.

Je n'avais quasiment plus de contacts avec mon ex-mari, et ce furent les filles qui m'annoncèrent un jour qu'une petite sœur allait naître au foyer de leur père.

Je crois qu'elles étaient contentes, même si mon fils commença par en vouloir à son père : « Il s'est remarié, il nous l'a pas dit, il a un bébé, on l'apprend que maintenant ! C'est nul !... »

Je pense qu'au fond il ne savait pas très bien comment leur annoncer...

Cette petite sœur resta longtemps une inconnue. Leur père ne voulut pas les recevoir les premiers temps, prétextant la fatigue de sa femme. En réalité leur mariage s'était dégradé dès la naissance. Les propos que me rapportèrent les enfants quand leur père les autorisa enfin à venir laissaient penser qu'il avait recommencé, qu'il était toujours aussi caractériel et violent.

« Tu comprends, disait mon fils, tant qu'elle n'était pas sous son contrôle, ça allait, mais maintenant, avec le bébé, elle est dans ses griffes... Moi, je lui avais dit de ne pas rester avec papa, elle n'a pas voulu m'écouter... »

Qui écoute-t-on quand on croit aimer et fonder une famille ? Certainement pas un garçon de 15 ans... Je disais à mon fils de ne pas s'en mêler, et la vie suivrait son cours.

Je travaillais beaucoup, je n'avais ni le temps ni l'envie de m'occuper des affaires de mon ex-mari. Pourtant, je sentais bien qu'il pouvait encore m'atteindre parfois. Quand les enfants revenaient des quelques heures passées ensemble sur le parking et qu'ils évoquaient ses discours délirants, quand il disait à Dina qu'il voulait la voir pendant les vacances, puis, au dernier moment, annulait le voyage, la laissant inconsolable. Tant que les enfants ont été en âge d'aller chez lui, quand je les sentais à sa merci, une part d'inquiétude subsistait au fond de mon cœur. D'ailleurs, au cas où il m'arriverait quelque chose, j'avais rédigé un testament, déposé chez un notaire. Je demandais, en cas de décès, que mes enfants soient confiés à mes parents : « Au moins, m'avait expliqué mon avocat, au lieu d'aller directement chez leur père, on pourra réunir un conseil de famille et tenir compte de vos dernières volontés... »

Aux 18 ans de Jean, je fis modifier ce testament afin que ce soit lui qui ait la tutelle de ses sœurs.

Toutes ces années, je gardai un fond d'angoisse. Quand il venait voir les enfants, je ne sortais pas de chez moi, de peur de tomber sur lui ; quand je conduisais les enfants au train, je les laissais aller devant sur le quai, et j'attendais de les voir partir avec lui. Je tremblais à l'idée de l'approcher.

Des années plus tard, il téléphona, un soir. Il appelait rarement depuis qu'il savait que je ne vivais plus seule. Mais entendre sa voix provoqua comme une décharge électrique ; c'est tout juste si je pouvais articuler deux mots pour lui passer un des enfants.

Je m'en voulais de cette attitude. Je tentais de me raisonner, mais au fond, ce qui me contrariait le plus, c'était de prendre conscience de cette crainte récurrente. Malgré ma vie heureuse, malgré l'homme qui était à mes côtés et me rassurait, j'étais furieuse de constater que sa voix seule m'épouvantait toujours. Je m'en voulais de ne pas être guérie. Car il me laissait tranquille, il avait refait sa vie et s'était lassé de me gâcher l'existence. Mais j'avais cette impression diffuse que tout pouvait recommencer. Que la distance ne suffisait pas, d'abord parce que, malgré tout, les enfants étaient encore jeunes et comptaient encore sur moi pour m'interposer entre leur père et eux. J'essayais de les pousser à gérer seuls la relation avec leur père mais ils s'y refusèrent longtemps. Je crois que pour eux, c'était mon devoir de rester un rempart entre leur père et eux, ils estimaient comme disait Jean à l'époque que « c'était à moi de me le coltiner ».

« C'est toi qui nous as donné ce père, c'est à toi de te débrouiller maintenant… »

Et puis, moins d'un an après la naissance de leur demi-sœur, le couple de mon ex-mari explosa.

Chapitre 13

Quand j'ai vu l'histoire se répéter, avec la demi-sœur de mes enfants, j'ai été submergée par la colère, la tristesse, le sentiment d'impuissance.

Cette petite fille a moins vécu avec son père car la deuxième épouse, plus maligne que moi, est restée à peine deux ans avec lui. Rapidement, elle a fui avec sa fille sous le bras, échappant aux coups, aux injures, quittant son travail pour se réfugier chez ses parents à l'autre bout de la France.

Les enfants ont vécu le deuxième divorce de leur père comme un second traumatisme. De mon côté, cette séparation m'interpella. En effet, les enfants disaient beaucoup de bien de leur belle-mère et le fait que la violence resurgisse est venu légitimer mes actes et me déculpabiliser un peu : s'il recommençait avec elle, c'est que tout n'était pas de ma faute. J'ai conscience aujourd'hui que cette pensée est un peu ridicule, mais elle est la preuve qu'au bout de tant d'années, je portais encore sur les épaules ce que je pensais être un échec. À la lumière de ce deuxième fiasco, mon histoire me paraissait légitime. Je m'aperçus alors que, jusque-là, je n'avais pas marqué le point final de cette histoire.

Si j'étais soulagée et peu concernée par la suite des événements, les enfants s'inquiétaient pour la petite. Et je pus constater que les mentalités avaient peu évolué en quinze ans. Les pères revendiquent plus haut leurs droits, les mères se battent toujours pour les pensions impayées et les enfants ne sont pas plus écoutés aujourd'hui qu'hier.

J'ai ainsi pu entendre : « Écouter un enfant risque de le traumatiser s'il doit se prononcer entre son père et sa mère… » ; « L'enfant répète ce que dit le parent avec qui il passe le plus de temps » (la mère bien souvent) ; « L'enfant doit voir également ses deux parents » (pour les adeptes de la garde alternée) ; « C'est la justice qui décide, c'est mieux pour l'enfant… » À croire que les parents maltraitants n'existent pas. Ou si peu.

Un enfant avec un parent déviant sera traumatisé, c'est sûr. Mais qui prend la responsabilité de le dire et surtout de l'écrire ? Personne. Mon fils a vu plusieurs médecins, pédiatres, pédopsychiatres qui ont attesté qu'il était angoissé à l'idée d'aller chez son père, mais la justice n'en a jamais tenu compte.

Serait-il possible de mettre en place des formations pour les magistrats en charge des affaires familiales, des professionnels de l'enfance pour leur apprendre à reconnaître les pervers ? Pour pouvoir mettre un nom sur ces violences si particulières qu'elles ne laissent pas de traces visibles et immédiates mais une empreinte au fer rouge destructrice et indélébile ?

Il y a des mères abusives, manipulatrices, perverses. Ce que je dénonce n'est pas le fait exclusif des hommes. Mais il me semble qu'on gagnerait en rapidité si on étudiait dans ces familles l'attitude du conjoint. Si une femme paraît affaiblie, perdue, sans estime d'elle-même, apeurée par tout, ne trouvant plus d'arguments pour se justifier, peut-être est-elle victime d'un pervers. Et si l'homme a l'air affable, avec les pieds sur terre, un ton légèrement protecteur et magnanime, avec des enfants au garde-à-vous à ses côtés, il est peut-être utile de vérifier s'il est facilement dans la colère, le reproche.

L'une des juges à laquelle nous avons été confrontés a tout de suite compris le caractère de mon mari. En deux phrases elle l'a fait sortir de ses gonds et, oubliant toute prudence, il a montré son vrai visage. Il s'est vite repris mais c'était trop tard. Elle avait réalisé l'ampleur du problème. Malheureusement, peu de gens savent soulever le masque et faire sortir le loup de sa tanière. Mais il est sans doute possible d'apprendre à détecter la perversité…

La petite sœur de mes enfants a d'abord vu son père dans une maison des enfants, un lieu neutre, un peu protégé. Son père demandait alors à Jean de venir avec lui, il ne se sentait pas la force d'y aller seul. Et puis, il devait se sentir humilié. Il finit d'ailleurs par ne plus y aller.

Mais, quand la petite a grandi, il a réussi à récupérer un droit de visite classique. L'enfant vivait dans l'angoisse des moments avec son père, et, comme disait mon fils : « Elle est seule, elle, personne ne la défend… »

Sa mère essaya de la soustraire à ces vacances redoutées et tomba sous le coup d'une condamnation au pénal. Résignée, elle tenta, comme je le faisais autrefois, de conditionner sa fille en lui expliquant que la semaine passerait vite, qu'elle aurait un cadeau au retour.

Pour cette fillette, l'enfer continua.

Mes enfants ont redoublé d'inquiétude pour leur petite sœur quand celle-ci a été contrainte d'aller seule chez son père à Paris. Elle devait avoir 7 ou 8 ans, sa mère la mettait dans l'avion à Marseille, et elle partait passer des semaines entières chez son père, qu'elle connaissait à peine et qui la terrorisait.

« Nous, on était trois, elle est toute seule et sa mère est à huit cents bornes ! insistait Jean.

— Et puis nous, surenchérissait Pauline, on était habitués à papa, elle, elle l'a à peine vu… »

Ce n'était pas mon histoire, pas mon affaire et je ne voulais pas spécialement en entendre parler. Jusqu'au jour où la maman m'appela.

Elle, contrairement à moi, avait choisi de se battre pour soustraire sa fille à la violence de son père et je la sentais prête à tout. Moi qui avais opté pour la résignation, moi qui avais laissé mes enfants subir des week-ends et des vacances pénibles, je ne pouvais m'empêcher de la trouver courageuse dans sa détermination. Et puis, contrairement aux miens qui avaient vécu dix ans avec leur père, la petite n'avait pas un passé d'enfance conflictuelle, et les propos agressifs de son père la laissaient sans voix, tétanisée. Mais elle savait, contrairement aux miens, que l'attitude de son père était inadmissible.

Je proposai d'utiliser les minutes de mon jugement, mais ces documents furent déclarés irrecevables. J'écrivis alors une attestation selon laquelle j'avais divorcé pour violence, j'y confirmai également que mes enfants avaient eu une belle-mère agréable, que c'était une bonne mère, aimante et attentionnée d'après eux. Ma fille aînée elle-même attesta en ce sens. Mais les juges estimèrent sans doute que je réglais des comptes (vieux de quinze ans quand même) et les attestations restèrent lettre morte.

Là encore, je me demande tout de même ce qui retient la justice de comparer des histoires qui se répètent au sein d'une famille, et ce qui la pousse à toujours partir du postulat de base que la mère exagère et que l'enfant est manipulé et ne peut pas être cru.

Pourquoi, alors que mes enfants étaient adultes et disposés à expliquer leurs craintes, jamais aucun juge n'a souhaité les entendre pour démêler cet écheveau familial ? Est-ce plus simple de croire un homme qui affirme que les femmes de sa vie sont folles, hystériques et aucunement dignes de foi ? Est-ce compliqué, avant de décider d'appliquer un mode de garde habituel, de consulter l'environnement proche qui déconseille un hébergement sinon un droit de visite ?

Chercher à comprendre n'est pas la vocation première de la justice. Non, la justice s'appuie sur des faits qui lui paraissent intangibles. Les juges donnent l'impression d'être fatigués par les divorces et les conflits familiaux. Ils ont des grilles de lecture qui leur permettent de plaquer des décisions qui ne vont, la plupart du temps, dans l'intérêt de personne.

Et finalement, le droit est souvent du côté de la personne de mauvaise foi, parce qu'il est très difficile de lutter contre elle.

Mon ex-mari se lamentait : « Ma femme m'a quitté et maintenant les enfants ne veulent pas venir me voir, c'est trop injuste. »

Ce à quoi les juges répondaient : « C'est certain, vous avez le droit de voir vos enfants, le conflit avec votre femme ne doit pas interférer sur vos droits paternels… »

Mais en revanche, quand il payait la pension un mois sur deux, en connaissance de cause, personne ne remettait en question son amour paternel. On m'expliquait doctement que, s'il ne payait pas deux mois consécutifs, là on pourrait intervenir, mais évidemment, à la fin du deuxième mois, il finissait par payer. Comment étais-je censée me débrouiller durant tout le mois, sans pension ? Mystère. Cela n'intéressait personne.

Avec la petite, il a appliqué les mêmes méthodes. Sa mère était soi-disant dépressive (et avec ce qu'elle avait vécu il y aurait eu de quoi !), sa famille l'avait montée contre lui (on se demande bien pourquoi), la petite avait besoin d'un père, il l'aimait et en était privé injustement…

Quand l'enfant eut 12 ans, elle déclara à son grand-père maternel qu'elle se tuerait si elle devait revenir chez son père encore une fois. Des scènes pénibles les avaient opposés et elle n'en pouvait plus. Sa mère décida de la faire entendre par un juge et un médecin. Elle lui prit un avocat chargé de représenter ses intérêts. Mais la lenteur administrative étant ce qu'elle est, on lui répondit qu'elle devait absolument présenter sa fille à son père, sinon elle risquait une condamnation au pénal.

Il faudra un an, une enquête psychologique et un référé, pour que la justice, du bout des lèvres, consente à réduire le droit de visite. Sachant que la petite habitait à huit cents kilomètres et que son père devait payer les billets d'avion, il finit par lâcher l'affaire. Toutefois, à intervalles réguliers (sans doute au rythme de ses crises) il réclamait sa fille de façon impromptue, à deux jours des vacances. Quelle angoisse pour elle, qui tremblait avant chacune des vacances, craignant de recevoir un billet d'avion et d'être obligée d'aller chez son père !

Où était son intérêt ? Qu'est-ce qui a été pris en considération ? Aujourd'hui, on prétend que la parole de l'enfant est entendue mais je n'en suis pas si sûre.

Je crois que si une mère soustrait injustement un enfant à son père, l'enfant en voudra à sa mère et un jour viendra où il voudra de lui-même connaître la vérité. Mais un enfant qui a subi son père toute son enfance, qui en garde un souvenir épouvantable, perdra confiance durablement dans la justice des hommes et dans ses parents. Il risque, de plus, de perdre à tout jamais le lien avec le parent en question.

Si mes enfants avaient moins vu leur père, leur enfance aurait sans nul doute été plus sereine et peut-être que, adultes, ils auraient voulu le rencontrer. Ils auraient alors été mieux armés pour l'affronter tel qu'il est et, pour eux, pour leur équilibre, les choses se seraient certainement mieux passées.

Aujourd'hui, aucun de mes enfants ne voit leur père qui habite pourtant dans la même ville.

Est-ce que leur exemple ne peut pas servir à leur sœur ?

Il semble que non.

La justice ne va pas chercher si loin et se contente de reprendre l'histoire à l'instant T, sans en connaître la genèse. Cette enfant devait aller chez son père un point c'est tout. Elle n'hésita pourtant pas à aller s'expliquer devant la juge aux affaires familiales, mais en pure perte.

Alors un jour, l'enfant décida que l'histoire avait assez duré. Puisque personne ne lui venait en aide, elle réitéra sa menace de se mettre en danger : « Si je passe sous une voiture j'irais à l'hôpital et je ne pourrais pas aller chez papa… »

À ce jour, et malgré ces paroles terribles, rien n'est encore décidé. Elle n'est pas retournée chez son père, mais sur ses vacances planent toujours l'éventualité d'un retour obligé.

Devra-t-elle commettre l'irréparable, comme elle l'a promis, pour être entendue ?

Chapitre 14

L'histoire de la deuxième compagne de mon ex-mari et de leur fille me fit prendre conscience que Dina n'avait jamais vraiment eu d'explications sur notre divorce. Elle avait 4 ans lors de la séparation et, si je ne l'avais jamais exclue des discussions, je ne m'étais jamais adressée à elle avec des mots de son âge pour lui expliquer la situation. Comme son père l'avait moins réclamée que son frère et sa sœur, elle l'idéalisait un peu et je la laissais dire. Quelle ne fut pas ma surprise, un jour de l'entendre dire : « Pourquoi papa ne peut voir notre sœur que dans une maison des enfants ? Il lui ferait du mal ? »

Quand je lui expliquai que j'avais divorcé pour violences avec des mesures d'urgence, elle sembla étonnée. Mon fils intervint alors : « Oui maman, c'est sûr, Dina dit toujours "Papa est très gentil" et toi tu ne dis jamais rien. Ben voilà, maintenant elle comprend, mais c'est un peu tard... Nous, on est allés chez papa en "garde à vue" tellement souvent qu'on sait bien qu'il est tout sauf gentil ! »

Finalement, il est très difficile d'opter pour une attitude ou une autre avec la certitude de ne pas se tromper. Les deux grands sont allés chez leur père, contraints et forcés, et m'en ont voulu. Et ma dernière que je pensais plus au calme avec moi, souffre finalement de ne pas connaître son père et d'avoir un avis influencé.

Préoccupé par son divorce, leur père laissait mes enfants tranquilles. Ils profitaient simplement d'aller à Paris dans ma famille pour passer encore voir leur père de temps à autre.

Je croyais que j'étais débarrassée de mes démons, jusqu'au jour où ma fille aînée partit faire ses études à Paris. Depuis dix ans, je n'avais jamais fait réévaluer la pension alimentaire (cent cinquante euros par mois) alors même que le jugement prévoyait une réévaluation chaque année sur le coût de la vie. J'entrepris une action en justice, poussée par Pauline : « Maman, il n'y a pas de raison que tu payes tout... »

On avait demandé cinquante euros de plus. À la date de l'audience, Pauline m'accompagna au palais de justice, à Toulouse.

« Tu sais, papa a dit qu'il viendrait... »

J'avais les jambes en coton, le cœur qui battait. Confinées dans la salle d'attente minuscule, entassées avec une foule de gens stressés, je faisais de mon mieux pour ne pas laisser transparaître mon angoisse. Et surtout je ne comprenais pas. Je ne l'avais pas vu depuis dix ans, je savais pertinemment qu'il ne pouvait rien me faire de mal, je n'étais même pas sûre de sa venue : alors d'où venait ce mal-être ? Cette sensation de manquer d'air à chaque respiration, cette tête vidée de toute argumentation, le cœur qui cognait jusque dans mon ventre et m'empêchait de garder les idées claires ?

Cette empreinte qu'il avait laissée dans mon cerveau m'apparaissait alors comme indélébile. Finalement, les angoisses qu'il avait déversées en moi et que je tenais enfouies, en laisse, dans un coin de mon cœur et de mes tripes, ces angoisses pouvaient resurgir à tout moment.

L'heure venue, le juge m'appela et je m'aperçus qu'il n'était pas là. Un avocat le représentait, qui connaissait à peine le dossier, mélangeait le nom des enfants. Le juge accéda à ma demande ; en dix minutes, nous étions dehors.

« Tu as balisé, hein maman ? devait dire Pauline, moi aussi, j'avais la trouille de le voir... »

J'avais encore du travail à faire sur moi-même. Je m'inscrivis dans des groupes de parole avec des femmes victimes de violences. La récurrence des angoisses était notre lot commun. Partager ces souffrances, s'apercevoir que je n'étais pas la seule à vivre en tentant d'oublier un passé douloureux me réconforta. Une psychologue m'expliqua un jour : « Vous ne devez pas oublier votre passé, vous devez l'accepter, et ensuite, aller vers l'avenir... »

Je cessais peu à peu de me culpabiliser. De me sentir nulle quand les angoisses affluaient. Je traversais ces moments comme enveloppée de brouillard. Je savais que j'allais vers le soleil.

J'avais mis près de dix ans avant d'entreprendre cette thérapie, trop occupée auparavant à mobiliser mon énergie pour vivre, pour me relever. Je pris ce nouveau combat à bras-le-corps, comme une deuxième chance que je ne voulais pas laisser perdre. J'étais amoureuse, je voulais être heureuse. Je ne voulais pas peser sur mon compagnon, rester engluée dans mes angoisses irrationnelles. Je me rendais compte qu'après toutes ces années, malgré mon épanouissement et la sérénité que je croyais avoir trouvée, je craignais toujours le regard de l'autre et que j'étais inapte à toute forme d'engagement.

Il lui fallut patienter neuf ans après le prononcé de divorce pour que nous nous mariions enfin.

Et si je suis en mesure d'écrire ces lignes c'est que cette histoire fait définitivement partie du passé, un passé difficile, mais qui est constitutif de la personne que je suis devenue. Je revendique ma responsabilité, mais je ne me sens plus coupable. Mes enfants sont adultes et ont fait leur chemin, ils ont chacun leur vérité, leur appréciation.

Je dis parfois à mon mari : « Dommage que nous ne nous soyons pas rencontrés plus tôt. »

Il répond toujours : « Mais plus tôt ce n'était pas le moment… »

L'homme rencontré à 20 ans m'a accompagnée durant plus de dix ans, m'a donné mes enfants, m'a poussée à achever mes études, à évoluer dans mon travail. Les souffrances que j'ai endurées m'ont transformée et, d'une gamine naïve et confiante, m'ont fait devenir une adulte responsable et combative.

Mon fils, avec humour, me dit en lisant ces lignes : « En somme, tu peux remercier papa ! »

Je ne le remercie pas, mais je ne le renie pas. Il ne fait plus partie de ma vie, mais il reste un épisode de mon histoire. Ma vie s'est écrite ainsi, avec cette personne à mes côtés. C'était le temps du pire. Le meilleur est venu ensuite, j'ai pu l'accueillir peut-être parce que j'avais traversé des épreuves.

Aujourd'hui, la page est vraiment tournée. Je n'ai plus de rancœur, juste de l'indifférence et parfois un peu de pitié pour lui. Tributaire de ses emportements, il a raté sa vie professionnelle, ses deux mariages et son rôle de père. C'est dommage mais je sais que je ne pouvais pas y remédier. Personne ne le pouvait.

Mes enfants ont quitté la maison, ils vivent à Paris et pourraient voir leur père. Quand j'ai demandé pour Dina une pension, afin qu'elle poursuive ses études comme sa sœur, il a d'abord fait traîner durant un an. Puis la juge m'a dit :

« Votre ex-mari se plaint de devoir payer pour des enfants qu'il ne voit plus, il précise que vous les montez contre lui.

— Mais enfin, madame la juge, nos trois enfants habitent Paris, ils ne vivent plus avec moi, vous croyez vraiment que s'ils ne voient pas leur père c'est toujours de mon fait ? »

La juge a hoché la tête et a accédé à ma demande.

J'ai su que j'étais vraiment guérie, libérée, car cette fois-ci je n'ai pas eu peur de le rencontrer.

Il y a quelque temps, j'ai déménagé, et je me suis dit : « Je n'ai pas besoin de lui donner mon adresse, je n'ai plus de contact avec lui, les enfants sont adultes, le seul contact qui restait était celui de la pension et aujourd'hui, c'est fini... »

Les derniers temps, il payait très régulièrement. Au fond, il devait sentir que c'était le seul, le dernier lien qui subsistait entre nous. J'ai été soulagée quand ce lien a été rompu, comme si le livre de notre histoire était définitivement refermé.

Une amie m'a répliqué un jour : « Mais tu auras toujours un lien avec lui, c'est le père de tes enfants... » Ce à quoi j'ai répondu : « Non, pour moi le lien c'est l'attachement. Il a un lien avec mes enfants, mes enfants ont un lien avec lui, mais il n'y a plus de lien entre nous. Les enfants n'ont plus besoin de nous pour gérer leur relation. »

Je crois que si je le voyais dans la rue, je ne le reconnaîtrais pas (lui non plus sans doute) et cette indifférence n'est plus ombrée de ressentiment. Dina me demanda un jour : « Tu serais triste si papa mourait ? » J'essayais d'être la plus honnête possible :

« C'est toujours triste d'apprendre la mort de quelqu'un. Je serais triste pour vous bien sûr, mais en même temps, je ne crois pas que j'en aurais de la peine... »

Je crois que j'aurais plus de peine de perdre un collègue : il n'y a plus de sentiment entre nous, ce qui peut lui arriver ne me concerne plus.

Pauline s'est mariée l'an dernier. Je lui ai dit qu'elle pouvait parfaitement inviter son père. Je sais que je suis capable de le revoir, de le gérer, parce que j'ai évolué et aussi parce que j'ai quelqu'un à mes côtés, qui m'aime et me soutient.

Elle n'a pas voulu : « Tu sais, papa, je ne l'ai pas vu depuis dix ans, ça ne rime à rien, et puis ce sera une angoisse, je ne veux pas... »

C'est vrai qu'il est certainement toujours imprévisible et générateur de tensions. Mais j'aurais pu accepter sa présence, au même titre que celle d'un vieil oncle un peu irascible qu'on se doit d'inviter. Je ne voulais pas que ma fille se prive de la présence de son père pour me préserver. Les enfants ont droit à leurs deux parents dans ces circonstances. Je l'ai laissée libre de faire comme elle voulait.

Son beau-père l'a conduite à l'autel.

En la voyant partir à son tour dans cette aventure, j'ai repensé au papier testamentaire que j'avais déposé chez le notaire. En regardant le ciel bleu, je réalisai que ce testament était obsolète. Ils étaient tous majeurs et, surtout, leur vie démarrait, ils n'avaient plus besoin de moi pour les protéger.

En écoutant les cloches sonner le bonheur de ma fille je songeais que la mort me faisait moins peur. Je pouvais enfin vivre à fond.

Et écrire ce livre.

En guise d'épilogue...

Au bout du compte, comment s'en sortir ? D'abord il ne faut pas aller jusqu'au bout de son énergie, il ne faut pas attendre de n'être plus capable de se lever le matin, de ne plus discerner les bons moments des mauvais. Chacune a sa limite, certaines mettront dix ans, d'autres dix mois, il n'y a pas de règle. Mais il y a des phases identifiées, et pour en avoir discuté avec bon nombre de femmes, elles concernent toutes celles qui sont confrontées à ce type de situation.

La phase du début, la phase 1, quand la violence pointe son nez au détour d'une dispute, c'est la stupeur. Surtout lorsque, comme pour moi, la violence n'est pas une habitude familiale. Quand on n'y a pas été confronté, elle fond sur vous avec un fracas imprévu qui vous laisse sans voix, au bord de l'incompréhension. Et puis, comme au sortir d'un cauchemar, la colère retombée laisse place au calme et à une humeur enjouée, tels qu'on se demande si on n'a pas rêvé…

Alors on cherche à comprendre, à justifier ce passage à vide, cet éclat auquel on ne s'attendait pas. On préfère l'oublier. Ne plus y penser. Cela ne se reproduira pas.

Et quand cela se reproduit, de façon insidieuse, le déni s'installe, renforcé par les bons moments qui succèdent aux mauvais et qui, au début du moins, sont majoritaires.

Qu'est-ce qu'un instant d'énervement, un geste de colère, de mauvaise humeur, face aux projets de vie enthousiastes, aux câlins tendres, aux phrases réconfortantes qu'il vous prodigue aux heures calmes ?

Le déni dure longtemps car il protège du regard des autres. Il installe une vitre entre l'apparence de la famille, du couple parfait et la vérité intime. Il prend sa source dans l'orgueil plus que dans la lâcheté. Orgueil, car on refuse de s'être trompée à ce point, on ne veut pas accepter d'être traitée de la sorte, non, on refuse de subir. Reconnaître la violence et y faire face, c'est signer un échec, c'est admettre un manque de discernement élémentaire et il est difficile d'y souscrire.

La phase 2 est la plus courte car elle s'apparente à une solution, un essai, une petite lumière qui vient s'allumer mais qui s'éteint brutalement. L'idée, une fois acceptée cette violence qui a commencé à miner le quotidien, c'est de vouloir aider l'autre à changer, à aller mieux. C'est une utopie bien sûr, mais comme il y a des moments agréables, des moments normaux où, effectivement, la famille parfaite n'est pas un rôle de composition, on se dit qu'il doit être possible de tenir ce rôle tout le temps. Il suffit de comprendre les racines de sa colère, des principes de comportement et ensuite, le changement doit pouvoir s'opérer.

Il est même parfois possible d'en parler à l'intéressé : durant les phases d'accalmie, il peut adhérer à l'idée. Piège. Il n'en a aucunement envie et utilisera cette phase contre vous (« C'est elle qui me manipulait, elle voulait que je change, elle ne m'acceptait pas comme j'étais », avec une variante : « J'ai fait tellement d'efforts, quand elle prétendait vouloir me changer. »)

Le pervers est dans un schéma de répétition et il ne tire jamais aucun enseignement de ses erreurs. Jamais. D'une part il n'en a pas envie, il estime que l'autre (en l'occurrence vous) est dans l'erreur et d'autre part, il n'en est pas capable. Même le travail d'un psy s'érode séance après séance sur la crête de son narcissisme. Les professionnels aujourd'hui connaissent mieux ces schémas qu'il y a vingt ans, mais malheureusement, je ne suis pas certaine qu'il y ait une réelle méthode pour les amener à un travail de fond sur leur comportement.

Donc pour le conjoint, l'aide est une belle idée mais, dans la pratique, elle est irréalisable et très vite abandonnée. D'autant qu'elle peut aussi énerver le caractériel qui voit dans vos tentatives de changement, une remise en cause de lui-même, ce qui lui est proprement insupportable.

La phase 3 est la plus longue. Quand on a épuisé toute tentative de vie heureuse, ou du moins sereine, tout naturellement vient le temps de l'adaptation. On repère les bons moments et on sait comment les faire (un peu) durer. On tente différents scénarios pour désamorcer les crises avec plus ou moins de succès. On comprend mieux son fonctionnement donc on réussit (parfois) à déjouer les drames.

Et là, on commence à survivre. On ne cherche plus à être heureuse, mais à rester tranquille. On ne souhaite plus donner dans l'image parfaite mais dans la normalité, en justifiant tout comportement déviant (« Il n'est pas venu à ce dîner, finalement il avait du boulot », explique-t-on, même si en réalité il est parti dès le matin en claquant toutes les portes). Parce ce que la vie est suffisamment difficile et éprouvante sans devoir en plus l'expliquer à ses proches.

On élabore des stratégies de survie et chaque jour passé sans heurt est un jour de gagné. Cette phase dure longtemps car elle est épuisante et nous vide de notre énergie combative. Toute notre force est concentrée sur la méthode à adopter, un moment après l'autre. Les jours, les semaines, les mois passent et on garde la tête sous l'eau, avec de temps à autre une respiration qui nous permet de tenir le coup.

Et puis, la dernière phase, la phase 4, peut être déclenchée par n'importe quel événement. Quelquefois futile, quelquefois un raz-de-marée.

J'ai une amie qui est partie parce que son mari lui a apporté (une fois de plus) un café sucré alors que depuis vingt ans elle le buvait sans sucre : « Ce jour-là, j'ai compris qu'il se fichait complètement de moi, de ma personne, de mes goûts. »

Une autre : « J'aurais dû prendre note, moi qui déteste le vert et à qui mon fiancé, à l'époque, avait offert des émeraudes… »

Une autre encore m'a raconté qu'un matin son mari voulait forcer son fils à boire un verre de jus d'orange. Il s'est tellement énervé qu'il lui a cassé le verre dans la bouche. Elle est partie le soir même : « Ce n'était pas le premier acte barbare, mais je ne sais pas dire pourquoi, ce jour-là, c'était le geste de trop… »

Quant à moi, il m'a fallu le décor anonyme d'un restaurant et surtout, l'idée de partir au bout du monde, sous sa coupe. La veille au soir encore, j'en aurais été incapable.

En phase 4, le voile se déchire brutalement et la perte des sentiments nous apparaît en pleine lumière. Ce « Je ne l'aime plus », nous mettons toutes du temps à nous l'avouer. Et au nom de ce désamour, nous nous autorisons enfin à nous libérer.

Il n'y a alors qu'une seule solution, c'est la fuite. Pas d'autre alternative. Les hommes violents sont irrationnels, on ne peut pas les raisonner sur le long terme.

Pour s'en sortir, il faut vraiment mettre de la distance, géographiquement et moralement. Et c'est difficile quand il y a des enfants.

La justice et ses représentants expliquent toujours leurs décisions au nom de l'intérêt de l'enfant. Mais chaque cas est tellement différent. Envoyer des enfants chez un père pervers narcissique, c'est condamner leur équilibre, c'est les plonger dans une souffrance pour laquelle ils ne sont pas armés.

Je suis convaincue aujourd'hui qu'un enfant a d'abord besoin de calme, de stabilité, plus que d'un parent à tout prix. En grandissant, ils sauront réclamer leur père et aller le voir et ce, même si la mère est abusive et les a montés contre lui. Un père violent, surtout psychologiquement, est destructeur. Un père absent peut réapparaître dans la vie de l'enfant à un âge où il pourra se défendre.

Une enfant me disait un jour :

« Pourquoi je suis obligée d'aller chez papa ? Il me fait peur…

— Quand tu seras plus grande tu pourras décider si tu ne veux plus y aller…

— C'est pas juste, c'est maintenant que je suis petite que je ne peux pas me défendre… »

Elle avait 8 ans.

La justice se fonde sur des faits, or les pervers savent utiliser les faits, les façonner à leur juste vérité. Ce sont des personnalités embusquées qui font avaler des couleuvres aux assistantes sociales, aux psychologues, qui n'y voient que du feu.

« Les enfants sont très sages avec leur père, ils semblent bien calmes et disent tous aimer leur père. Cela dit le garçon (Jean) déplore que son père tienne des propos injurieux sur sa mère et les filles ne souhaitent pas aller seules (sans leur frère) chez leur père… »

Tel était, en substance, le rapport de l'enquêtrice qui a suivi notre famille après mon divorce. Le juge, au regard de cette brillante analyse, en a conclu que j'étais probablement laxiste et que mes enfants, de ce fait, avaient du mal avec l'autorité…

C'était il y a vingt ans, mais je ne constate pas vraiment une évolution. On écoute beaucoup et à grand tapage médiatique les 30 % de pères qui ont demandé la garde de leurs enfants et en ont été privés. Mais des enfants qui dénoncent les propos violents d'un père agressif, la justice fait peu de cas. La plupart du temps, les pères qui réclament leurs enfants les rendent à la mère quand ils refont leur vie (ou revoient le mode de garde). Les mères intègrent leurs enfants quels que soient les changements de leur vie.

Les lois ne peuvent pas s'appliquer selon les cas particuliers. Mais si aujourd'hui on pouvait déceler et nommer le parent pervers, ce serait déjà une avancée.

C'est en écoutant d'autres personnes qui avaient vécu des expériences similaires que j'ai compris que je n'étais pas seule et qu'il était très difficile de se sortir des griffes d'un pervers, et surtout difficile de s'en sortir sans dommages.

J'ai voulu à mon tour aider d'autres femmes qui, comme moi, peuvent se sentir nulles et écrasées de culpabilité. Pour leur dire qu'il est possible de sortir de cette spirale infernale. Des femmes y sont parvenues, avec encore moins de moyens que moi qui avais une famille, un métier, des amis fidèles. Je pense à mon amie Liliane, qui a laissé ses quatre enfants à son mari avant de pouvoir les récupérer, nantie d'un boulot, à Lise qui est restée deux ans dans un foyer avec ses deux petits, à Marthe qui est restée des années dans la clandestinité pour fuir un mari violent. Leur courage, leur volonté de s'en sortir sont autant d'encouragements.

L'amour n'est jamais la souffrance. Une vie heureuse ne peut pas se tisser autour d'efforts constants, d'une tension nerveuse permanente, de mensonges « pour avoir la paix ».

Une vie meilleure est toujours possible. Il faut faire des choix, être prête à renoncer à certaines choses matérielles. Mais la liberté est trop précieuse pour être marchandée.

Et la liberté est chevillée au bonheur, sans liberté pas de vie heureuse possible.

Annexe 1
Comment aider les victimes de pervers ?

Que faire et pourquoi raconter mon histoire si elle ne sert pas aux autres ?

Je suis certaine qu'à force de lever un coin du voile sur ce qu'on appelle un peu péjorativement « les femmes battues », la détection des pervers sera plus aisée et que l'on trouvera des pistes pour aider celles qui sont tombées sous leur coupe.

Quel que soit le couple, collègue de travail amie plus ou moins proche qui vit cette situation, vous le détecterez si vous avez vous-même été confrontée à un pervers. Mais pour les autres, comment venir en aide quand on ne sait pas ce qui se passe, que l'on voit juste une amie malheureuse, ou pas très heureuse ?

Loin du cliché de l'homme violent, brute avinée qui tabasse sa femme les soirs de cuite et a reçu peu ou pas d'éducation, il faut bien comprendre que les hommes pervers évoluent dans tous les milieux. Et qu'ils sont difficilement repérables car leur apparence est souvent celle d'un prince charmant. Souvent d'un bon milieu, instruit, bien élevé, très à cheval parfois sur les principes (la galanterie, la civilité) il peut impressionner par ses belles manières. Tel Janus, il a deux visages, un pour l'extérieur, extrêmement crédible, et un pour l'intimité qu'il dévoile peu à peu.

Car le pervers sait qu'il est pervers, le violent sait qu'il est violent. Mais il ne réfléchit pas sur sa personnalité, il poursuit une quête incessante et inexorable qui anéantit sa réflexion : l'aboutissement de son plaisir, la jouissance de son désir absolu, la toute-puissance sur le reste du monde. L'extérieur est un moyen, un terrain de chasse, et ensuite, comme le chat avec sa proie, il joue indéfiniment avec l'objet convoité, jusqu'à l'anéantissement total.

Si l'une de vos proches vous semble victime d'un pervers, évitez de critiquer son conjoint, ne tentez pas de lui « ouvrir les yeux ». Cela ne ferait que renforcer sa justification car elle se sentira jugée. Soyez là, tout simplement, proposez-lui des sorties, montrez que vous êtes disponible pour elle et donnez-lui l'impression qu'elle est une personne appréciable, qui a de la valeur. Le jour où elle sera décidée, elle vous demandera de l'aide d'autant plus facilement que vous n'aurez pas eu un regard critique sur elle et sur son couple.

Ne l'enfermez pas non plus dans un rôle de victime. Elle aura besoin de se reconstruire et pour pouvoir le faire, il faut accepter sa part de responsabilité dans son histoire. Les femmes qui sont sous le joug d'un pervers ont beaucoup de mal à conserver l'estime d'elles-mêmes. Ne demandez pas comme on me l'a demandé : « Pourquoi ne pas être partie plus tôt » ? Parce que cette question tourne déjà en boucle dans la tête, et que dans un premier temps on ne sait pas y répondre. La bonne question c'est : « Que veux-tu faire ? Ou bien : « Comment puis-je t'aider ? » J'ai eu la chance d'avoir des amis, de vrais amis qui m'ont aidée, à déménager, à trouver un logement, à garder mes enfants, à repeindre mon appartement... J'avais besoin d'être entourée et pas d'être questionnée.

Si vous côtoyez une personne qui vit avec un pervers, ne donnez pas l'impression que vous la jugez. Traitez-la comme une personne normale, avec une vie normale. Mais n'hésitez pas à prendre de ses nouvelles, à lui demander franchement comment elle va, à l'entourer de votre présence sans être dans la compassion. La prendre en pitié peut déjà être perçu comme un jugement. Évitez les discours moralisateurs sur la volonté, le divorce et ses effets néfastes. Et n'hésitez pas à raconter votre histoire si votre expérience peut l'aider.

Aucune histoire n'est semblable. Mais plus on parlera de la manipulation perverse, plus il y aura de témoignages autour de ce sujet, plus celles qui en sont victimes pourront se reconnaître et surmonter leurs difficultés. L'expérience ne sert pas aux autres dit-on, mais je crois à l'exemplarité. Si j'ai pu m'en sortir, d'autres le pourront aussi.

Annexe 2
Caractéristiques du pervers narcissique

Le pervers est maniaque : chaque chose à sa place et une place pour chaque chose (et lui seul en décide). Si vous sentez qu'il range votre manteau ailleurs que là où vous l'avez accroché en arrivant, s'il débarrasse et commence la vaisselle alors que vous en êtes au dessert, méfiance… Le pervers se rassure avec un ordre bien à lui et le moindre changement l'irrite, tout comme des détails sans importance (vous laissez traîner votre sac à main sur une chaise) deviennent bientôt « votre insupportable laisser-aller ».

Attention, le maniaque n'est pas forcément un fou de la propreté. Il peut ne pas passer l'aspirateur mais laver à grande eau chaque jour sa cuisine en tirant tous les meubles. Être maniaque ne signifie pas qu'il vous sera d'une grande aide au ménage, seulement que vous devrez vous conformer à ses exigences ménagères.

Le pervers a un rapport à l'argent particulier. Il peut être radin, puisque tourné vers lui-même et il n'achètera que ce qui lui fait envie et ce qui est destiné à lui servir en propre. Si d'aventure il vous offre quelque chose, ce sera quelque chose qui lui plaît d'abord à lui. S'il veut vous offrir un tailleur, ce sera selon ses critères, affirmés comme étant de bon goût, les vôtres étant relégués en terme générique de « goût de chiottes ».

Les premiers temps, il vous invitera mais s'arrangera pour vous le faire remarquer, en précisant bien ce que ça lui a coûté (« C'est un restaurant cher, tu as aimé ? »). Il peut aussi vous faire culpabiliser : « J'ai voulu te faire plaisir, mais ce n'est pas donné. » Ce genre de petites phrases est non négligeable et doit allumer des signaux dans votre tête au lieu de chercher à justifier ses paroles (« C'est normal, il est sensible, il veut être certain de me faire plaisir… »). Non, il ne peut simplement pas s'empêcher de compter l'argent qu'il a dépensé pour vous. De même, il vérifie toujours l'addition et craint sans arrêt de « se faire avoir » (par vous y compris).

Le pervers a une conversation très particulière. Au début, vous le trouvez vif d'esprit, à l'écoute, semblant s'intéresser à vous (en réalité, il mène un travail d'observation pour mieux connaître vos failles). Il est érudit et a un avis (tranché) sur tout. Rapidement, vous allez vous apercevoir que la conversation avec lui se résume à un monologue, ponctué d'interjections à votre intention (« N'est-ce pas ? » ; « Tu es d'accord ? » ; « Tu crois ? ») et vous ne pouvez émettre qu'un ou deux hochements de tête (approbatifs si possible). Tout raisonnement contradictoire tourne rapidement à l'affrontement, y compris pour des broutilles. Vous pouvez passer la soirée à essayer de lui expliquer pourquoi vous détestez les tripes. Lui, les aime, et votre manque de goût est patent, il ne vous écoutera pas et peut aller jusqu'à commander ce plat pour vous convaincre. Le mieux est de dire que vous y êtes allergique. C'est imparable.

Car, corollaire du pervers, il a une grande peur de la maladie, des microbes, et est vite démuni devant les soucis de santé. Dire que vous êtes grippée et que vous devez prendre des antibiotiques peut contribuer à l'éloigner. Surtout si vous affirmez la contagion possible. En revanche si lui-même est malade, vous êtes tenue de l'assister telle une infirmière, sans quoi il peut en mourir...

Le pervers est d'abord, à ses yeux, une victime. Quand il vous raconte sa vie, il n'a pas eu de chance, ses parents le brimaient, ses profs le punissaient sans raison, il a peu ou pas d'amis (signe important, ou alors il a un ou deux amis avec lesquels il se fâche régulièrement). Dans son travail il est un incompris, les autres sont nuls. Il a souvent une relation pathologique à sa mère, soit très fusionnelle, soit de la haine qu'il reporte sur les autres femmes. Souvent il y a une ambivalence haine/amour. Quoi qu'il arrive, rien n'est jamais de son fait, encore moins de sa faute. Il n'a pas eu de chance, un point c'est tout. Là encore, n'essayez pas de le raisonner, de lui montrer les aspects positifs, cela l'excède. Il faut entrer dans son jeu et le plaindre, les lamentations s'arrêtent plus vite.

Le pervers est définitivement inapte au bonheur. Être heureux ne l'intéresse pas, vous rendre heureuse encore moins. Il s'épanouit dans le conflit, c'est son mode relationnel, vous le voyez souvent tourmenté, malheureux et il s'épanche avec vous. (Ce qui malheureusement peut vous flatter, vous donner à croire que vous êtes LA personne unique, qu'il lui faut.) Comme il ne veut pas être heureux, dites-vous bien que vous ne serez jamais heureuse avec quelqu'un comme lui. C'est une bonne question à se poser en début de relation : « Suis-je heureuse quand je suis avec lui ? »

Le pervers manie la remise en cause permanente. Vous êtes toujours en tort, pour tout, dans n'importe quel domaine. C'est une façon de prouver incessamment sa supériorité sur vous. Il n'y a aucun domaine de compétences, enfants, ménage, cuisine, activité professionnelle qui échappe à sa suprématie. Il vous donne des conseils sans arrêt, dans le meilleur des cas (et au pire il critique). Vous ne pourrez jamais rien entreprendre ensemble. Il faut qu'il fasse les choses à sa manière : si vous cuisinez, il sera sur votre dos, à touiller, resaler, découvrir les casseroles ou les couvrir en vous abreuvant de conseils irritants ; si vous aidez les enfants à faire leurs devoirs, il parlera en même temps que vous, vous coupera la parole, finira par s'énerver. Faire avec lui signifie au mieux, lui servir de larbin (tenir les outils à portée de main, laver la vaisselle après lui), au pire lui servir d'exutoire et vous serez cause de tout échec éventuel (du rôti brûlé au cadre qui ne tient pas au mur !).

Le pervers dévalorise en permanence (c'est en adéquation avec l'état d'esprit ci-dessus). Il prétend sans cesse que c'est pour votre bien, pour vous améliorer, pour ne pas que vous soyez ridicule. Il démolit systématiquement tout ce que vous entreprenez et ne vous laisse jamais de seconde chance. N'essayez jamais d'apprendre quoi que ce soit à son contact, non pas qu'il manque de pédagogie, il peut être un bon prof, mais il ne pourra pas s'empêcher de critiquer vos efforts et de stigmatiser vos erreurs. Ne lui demandez jamais de vous expliquer quoi que ce soit, la dispute est toute proche. Une de ses entrées en matière favorite est sans doute : « Ce que tu ne comprends pas... »

Le pervers commence par vous agresser verbalement. Il débute par des remarques blessantes qui peuvent passer pour des boutades (« Tu es coiffée comme un caniche ! »), ou des critiques de vos amis, de votre famille, qui laissent à entendre qu'il vaudrait mieux ne plus les voir. Si vous le contrez, il s'énerve et le ton peut monter rapidement. L'agressivité verbale est évidemment une étape avant la violence physique. Mais ce n'est pas obligatoire. Certains restent au stade verbal ce qui ne diminue en rien la souffrance et le traumatisme. C'est même encore plus pervers car cette violence-là ne laisse pas de traces visibles. Elle est encore plus effrayante auprès des enfants qui ne la comprennent pas et la reçoivent en pleine figure. Une enfant à qui on prédit que sa mère va aller en prison s'il n'obéit pas, que sa famille va être détruite, qu'il ne pourra vivre que dans la rue ou dans un foyer, sa mère étant privée de ressources, n'a plus d'autre choix que se taire et subir.

Ces paroles destructrices ne peuvent jamais être rapportées sans être automatiquement minimisées. Or le pervers, le plus souvent intelligent, s'y entend pour violenter sans laisser de preuves et il ne rouera pas son enfant de coups. Aux pédopsychiatres en tout genre à qui ma fille rapportait « Papa donne des claques », combien ont su aller plus avant et comprendre l'autoritarisme qui se cachait derrière ces mots ? C'est compliqué, je le sais bien, mais encore une fois, il ne suffit pas de poser des questions, il faut aussi écouter les enfants ce que, à mon sens, aujourd'hui encore, on ne fait pas assez.

Le pervers manie le chantage et ne vous laisse pas le choix. Si vous ne faites pas ce qu'il veut, il emmène les enfants, il vous coupe les vivres, il casse vos affaires, il part avec la voiture et vous laisse seule au milieu de nulle part, il annule les dîners, les vacances, les sorties… Quand vous êtes au milieu du conflit et que ces menaces pleuvent sur votre tête, assorties de hurlements et de coups, vous ne voulez qu'une seule chose : la paix. Que la dispute s'arrête avant de tourner mal, encore plus mal car quand vous croyez avoir atteint le fond de l'horreur, le mitan de la colère injustifiée, une vague jaillit encore et vous coupe le souffle. Parfois je comprends ces suspects, accusés à tort, qui finissent par avouer n'importe quoi sous la pression. Quand on est au fond du trou, quand les insultes pleuvent, quand vos enfants terrifiés sont tapis dans la chambre, vous préférez ramper à genoux et vous excuser, implorer un pardon, avouer des fautes, calmer le jeu et reprendre le cours de la vie. Il m'est arrivé de me jeter dans les bras de mon bourreau, de lui dire qu'il avait raison, que tout était ma faute, juste pour apaiser le conflit.

Raison pour quoi ? Quelle faute ? Je ne me souvenais plus mais à ce moment-là, ce n'était pas le problème. Le problème était d'arrêter la déferlante de cris et l'escalade inéluctable de violence par tous les moyens.

Le pervers vous met la tête à l'envers et vous finissez par penser qu'il a raison. Vous perdez vos moyens, vos enfants souffrent et vous vous dites que c'est de votre faute.

C'est souvent un as de la rhétorique, il a des arguments, il sait vous contrer et parfois, ces raisonnements sont tellement énormes qu'il n'y a plus rien à en dire. Vous vous taisez, il croit avoir gain de cause, vous acquiescez, et il se calme. Vous êtes au fond du seau.

Toute relation qui n'apporte pas de bonheur est toxique. Si vous pensez sans arrêt que les choses devraient s'arranger, si vous cherchez à le calmer plus souvent qu'à l'embrasser, si quand il est avec vous l'air se raréfie dans la pièce et que l'ambiance se teinte d'appréhension, alors les signes sont là. Vous êtes en face d'un pervers, ne vous voilez pas la face et dites-vous bien que le pire est à venir.

Il faut savoir demander de l'aide et admettre qu'on ne veut plus être malheureuse.

La phrase magique, la question à se poser n'est pas « Pourrais-je vivre avec lui ? », mais plutôt « Pourrais-je vivre sans lui » ? Quand la réponse est « Oui, et même mieux », alors il ne faut pas hésiter.

Annexe 3
Paroles de femmes

Les extraits qui suivent ont été recueillis dans des groupes de parole auxquels j'ai participé et qui m'ont beaucoup aidée. Assister à ce genre de réunions est un véritable tremplin vers une prise de conscience. D'abord parce que c'est un premier pas vers une demande d'aide.

Pour ma part, j'y suis allée un peu tard, et je m'y suis inscrite en pensant aider les autres par mon vécu. Or, tous ces échanges ont contribué à me redonner un équilibre et j'ai reçu plus que je n'ai donné. J'ai compris beaucoup de mes réticences, j'ai appris à avoir de la compassion pour moi-même et finalement, ces groupes ont été une véritable thérapie. Car en entendant ces femmes qui me renvoyaient à mon propre vécu, je mettais enfin des mots sur mes ressentis, et l'explication me sautait à la figure.

Évidemment, on voit toujours plus clairement les situations des autres…

« Je ne suis pas si malheureuse, confiait une jeune femme, mon mari ne boit pas, il ne me frappe même pas, c'est juste qu'auprès de lui, j'ai toujours l'impression d'être bonne à rien, il refuse de me laisser travailler, il dit que c'est parce qu'il m'aime trop… »

« Il m'aime tant, disait une deuxième, qu'il ne peut se passer de moi. Je ne peux rien faire, dès qu'il est à la maison je dois l'écouter, être à ses côtés ; c'est simple, si je ne regarde pas la télé avec lui, il en est malade et il me fait une scène… Au début je lisais ou je tricotais tandis qu'il regardait ses émissions, aujourd'hui, même ça, ce n'est plus possible, il ne le supporte plus… »

« Moi, racontait une troisième, je vais en cachette chez ma mère, je m'arrange pour être toujours rentrée avant lui. Si j'en parle avant, il y a une scène, il prétend que je suis trop souvent fourrée dans ma famille, qu'elle me monte contre lui. C'est faux, je ne leur parle jamais de nos problèmes de couple… Quand, à bout d'arguments, il me laisse partir, il me dit qu'il va s'inquiéter toute la journée, car je serai sur la route (c'est à dix kilomètres !). Du coup je préfère ne rien lui dire… »

Une autre femme expliquait, convaincue du bien-fondé de son attitude :

« Moi, je me disais, inutile de le provoquer, il n'aime pas que je m'habille autrement qu'en robe, eh bien je mets les vêtements qu'il me choisit… »

Elle était dans la phase d'adaptation et toute sa vie était centrée sur les crises à éviter… Elle est venue au groupe durant trois ans avant d'oser passer à l'acte et quitter son mari. On sentait qu'elle cherchait auprès des autres une réassurance. Au début elle disait : « C'est tout de même normal de chercher à ne pas lui déplaire, non ? »

Non. C'était juste insensé que le moindre vêtement déclenche un drame. Et des concessions de ce type, pas bien méchantes une à une, sont décuplées par dizaines rien qu'en une journée. Et c'est invivable. Pendant tout ce temps, cette femme nous donnait des exemples qu'elle jugeait recevables comme autant d'excuses du comportement de son mari : « C'est vrai, il suffit de ne pas l'énerver, il me répète tous les jours : "Si tu m'aimais, tu voudrais me faire plaisir, tu SAIS que je n'aime pas que la porte du placard soit ouverte et tu la laisses ouverte, ne me dis pas que tu ne le fais pas exprès !" »

Et combien de femmes expliquent tranquillement : « Non, non il n'y a pas de violences, en tout cas beaucoup moins... Bien sûr, il continue à les enfermer dans le placard ou à casser leurs jouets mais il ne les bat plus... » Et la psychologue qui participait à nos séances, les yeux ronds, de rétorquer : « Parce que pour vous ce n'est pas de la violence ? »

C'est dans le regard des autres que le mot violence reprend tout son sens. Y compris devant d'autres victimes. D'où le rôle important du groupe. Toutes les histoires sont différentes et en même temps, elles entrent toutes en résonance les unes avec les autres. En écoutant chacune raconter sa vie, au début je pensais : « Non, moi ce n'est pas pareil. » Et puis un mot, une phrase, une situation et les paroles prononcées me renvoyaient au visage les images de mon vécu.

Mais quand durant des années on a entendu : « C'est juste une bousculade, oh là là ! Je n'ai même pas levé la main sur lui ou sur elle, je l'ai à peine touché... » Évidemment on ne sait plus ce qui est tolérable. D'ailleurs, les enfants non plus, qui prennent l'habitude d'un mode opératoire pervers et n'en dénoncent jamais les faits. Cet autoritarisme leur devient tellement familier qu'il leur paraît normal.

D'où l'important, quand un père est violent, de dénoncer son comportement comme inadmissible. De ne pas laisser des enfants s'habituer à ses gestes, à ses cris.

Une assistante sociale est venue un jour expliquer au groupe comment elle tentait de décrypter la violence derrière les mots des enfants : « Un enfant vit ce qu'il vit comme la norme, donc j'évite les mots génériques, j'essaie de creuser un peu, mais plus les enfants sont jeunes moins ils savent raconter… Et certains parents donnent parfaitement le change… »

Une amie, qui est restée près de trente ans avec un mari alcoolique et violent expliquait: « Je savais qu'en divorçant, il aurait des droits, notamment celui d'avoir, seul, le week-end, la garde de notre fille. Tant qu'elle a été petite, j'ai préféré rester et subir. Au moins, quand il était ivre, je l'empêchais d'aller la réveiller, je le canalisais. Même si j'ai pris des coups, je n'aurais pas pu vivre en pensant qu'elle était seule et à sa merci… »

Elle a gâché de précieuses années, et bien sûr, on comprend sa réaction ; mais sa fille n'a pas eu une enfance très heureuse. Elle savait que la justice serait lente, que le père avait des droits et que sa fille pouvait être confrontée à une violence, elle a préféré se mettre entre parenthèses.

Certaines luttent. Mais plus on fait d'actions en justice, de recours, de référés pour essayer d'endiguer les actes du pervers envers les enfants, plus cela va durer. J'ai ainsi connu une femme qui s'est battue durant dix ans pour empêcher son ex-mari de voir seul leur fille. Elle suspectait des attouchements mais ne pouvait pas vraiment le prouver. Au bout de toutes ces années, elle en était toujours au même point et se battait encore avec son ex par avocats interposés.

D'autres ont lâché l'affaire plus vite, pour avoir la paix. Ce n'est pas de la lâcheté. C'est juste reconnaître que le combat alimente un lien malsain et empêche de tourner la page.

Comme pour la pension dont le montant dépend de qui l'envisage.

Un avocat avait dit un jour ironiquement à une femme qui se battait pour la pension impayée : « Vous avez du temps à perdre pour récupérer deux cents francs… »

Le même avocat quelque temps plus tard expliquait sereinement : « Enfin deux cents francs par enfant, c'est énorme pour mon client ! Que lui reste-t-il ? »

Cette notion de « reste » demeure un vrai sujet.

On admet communément que le père doit disposer d'un « reste » suffisant pour vivre. Ce qui semble logique. Mais qui s'inquiète du « reste » quand il s'agit des mères ? Celles qui gagnent si peu que tout passe pour les factures et les enfants ? Celles qui non seulement ne disposent pas d'un « reste » mais n'ont même pas le strict nécessaire ?

Pour reprendre les termes d'une célèbre sociologue, Évelyne Sullerot, « les hommes s'occupent de leurs enfants quand ils le peuvent et les mères quand il le faut ».

Remerciements

Mes remerciements vont d'abord à ceux qui m'ont soutenue quand j'en ai eu besoin, ma famille, mon frère J.-P. (Jean-Pierre), ma sœur Aude, mais aussi mes proches d'alors, Véronique, Anne-Christine, Marie-Pierre, Sylvie, Édith, Tanya, Marthe, Serge, Pascal et Patrick…

À ceux qui ont cru à ce livre et m'ont encouragée, Catherine Meyer, Jean-Baptiste Bourrat et Christophe André.

À toute l'équipe de Max Milo pour sa patience, son écoute et la qualité de son travail.

Et bien sûr, à Bernard, l'homme qui a su éclairer ma vie et me redonner confiance en moi.

Composition :
L'atelier des glyphes

Dépôt légal : novembre 2019
IMPRIMÉ EN FRANCE

Achevé d'imprimer le 21 novembre 2019
sur les presses de l'imprimerie *La Source d'Or*
63200 RIOM
Imprimeur n° 21605

Dans le cadre de sa politique de développement durable,
La Source d'Or a été référencée IMPRIM'VERT® par son organisme consulaire de tutelle.
Cet ouvrage est imprimé - pour l'intérieur - sur papier offset Amber Highway regular 0 g,
provenant de la gestion durable des forêts.